JN247151

河内つれづれ Ⅱ

伏谷 勝博

竹林館

河内つれづれⅡ

目次

河内つれづれ

私の映画鑑賞

投稿のあと

カバー画・挿　画　清見　至

河内つれづれ

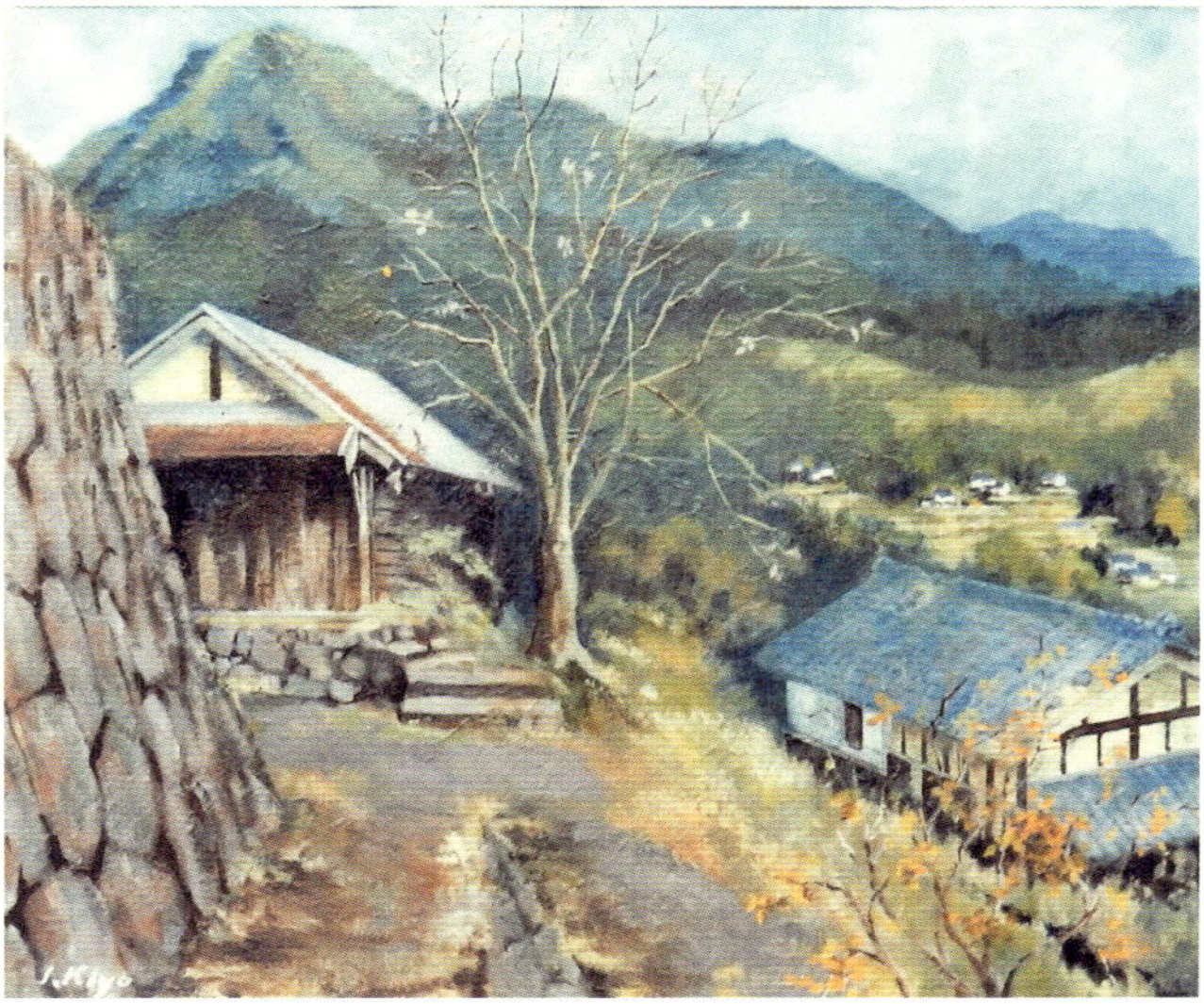

観心寺の楠公祭に参列して

楠木正成が湊川で戦死したのは、延元元年五月二十五日。旧暦なので陰うつな梅雨の季節だった。河内の観心寺と神戸の湊川神社では、毎年新暦五月の命日に「楠公祭」が執り行われている。観心寺では近年、関係者の都合に配慮して命日直近の日曜日に開催される。平成二十七年は五月二十四日に、例年通り「楠公首塚」の前で厳かに執り行われた。

山門をくぐり受付を済ませた。開式まで少し時間に余裕があったので、爽やかな初夏の日差しと若葉の風の中を、ゆっくりと境内を散策した。いたるところに「非理法権天」と染めぬいた紺色の幟が風になびいていた。「関西花の寺二十五ヵ寺」の一つに指定されている老梅やたくさんの楓や桜の木々は燃えるばかりに緑に輝き、むせるような芳香をはなっていた。石段を登ってまず本堂に参拝した。本尊は「如意輪観音菩薩座像」。文化財保護法で最初に国宝に指定された貞観美術の最高峰である。秘仏なので内陣奥の御厨子の中に鎮座しておられ、日頃は拝観できない。毎年四月十七・十八日のみ開帳される。写真が欄間に飾られているが、片膝を立ててすわり、頬に指をついて少し首を傾け、もの憂げに微笑むかのようなお姿が印象的。五木寛之氏が『百寺巡礼』（講談社）の中で、仏像の形容としてはふさわしくないが、『まさに、妖艶と言っていい雰囲気さえ漂わせている美女』と表現されている。

本堂を出て東のほうへ歩を進めた。鎌倉建築の典型としてこれまた国宝の本堂を横から眺める。屋根の妻の流れるようななだらかな曲線美が何とも美しい。すぐ隣には楠公建掛塔（重要文化財指定）が建っている。前年度に地元岩湧山の萱で、三十年振りに屋根が葺き替えられたばかりで端麗な美しさに魅かれた。しかし、当初は瓦葺きの三重の塔を建てるべく一階部分が出来上がったときに、兵庫への出陣を命じられ、湊川で戦死したがため未完に終わり、後年一階部分に萱葺きの屋根をつけ、「建て掛けの塔」と称されるようになったのである。

更に東へ進むと、一段高いところに開山堂が建っている。当初空海自らが北斗七星を勧請《かんじょう》し、この地で本堂の建設に着手したのだが、朝廷から高野山に宗教の都建設の勅許がおりたので、自らは「金剛峯寺」の建設に専ら従事するため、一の弟子の実恵《じちえ》に観心寺本堂の建設を委ねたのだった。だから観心寺は実恵（道興大師）が創建者となり、空海と共に開山堂に祀られている。檜皮葺きの開山堂が今日は開扉され、音曲部の人々が待機していた。開山堂のすぐ隣に「楠公首塚」があり、その前にテント張りの式場が設けられていた。

午前十一時に開式となった。祭主は観心寺名誉住職の永島龍弘師がつとめられた。まず、全員が「君が代」を斉唱した後、永島師が正成の遺徳を偲んで、その業績を讃えられた。至誠溢れる生き方と時代の推移を見つめる澄んだ目、義に奉じた無私の行動は、昨今の混沌とした世相にあって、いま一度正成の生き方を見直すべきではないかと切々と訴えられた。

その後、祭壇の前で正成の霊安かれと楠公奉賛会による御詠歌が奉納された。

一　帰命頂礼　日本《ひのもと》の　忠義の鑑《かがみ》　楠木の

二　天地を貫く誠忠は　尊し雄々しい我が楠公

三　その源を　尋ぬれば　清き河内の観心寺

四　学徳秀で　名僧に教えを受けし　我が楠公
五　八年の月日を　御仏に仕えて悟る　法《のり》の道
六　稚児の桜の花開き　後の醍醐の天皇《すめらぎ》を
七　護り向えて建武朝　むら雲の暫し光を
隠すとも　檜尾《ひのお》の山に有明の月と見抜きし
我が楠公　明治維新の　その基を
八　ここに開きし　勲《いさお》しは　金剛山の　高々と
九　仰ぎ賛えん　いざ共に　仰ぎ祀らん諸共に
十　南無忠臣　大楠公　南無忠臣　大楠公

ついで、河内長野市吟詠会による河野天籟作「大楠公」（七言律詩）が朗詠された。厳かで森韻とした雰囲気の中で、朗々と響く哀調を帯びた声調に、正成の魂魄がさ迷い出るかと感じられた。

吟詠に塚も動くか樟若葉

最後に河内長野箏曲クラブによる琴と尺八の合奏になる「千鳥」が奏じられ、続いて落合直文の作詞になる「大楠公の歌」が奏された。

一　青葉茂れる桜井の　里の辺りの夕まぐれ
木の下陰に駒止めて　世の行く末をつくづくと
忍ぶ鎧の袖の上に　散るは涙か　はた露か
二　正成涙を打ち放ひ　我が児正行呼び寄せて
父は兵庫に赴かん　彼方の浦にて討ち死せん
汝はここまで来つれども　速く速く帰れ　故郷へ・・・

子供の頃から馴染んだ歌ではあるが、この曲が六番まで続くのを知ったのは楠公祭だった。

最後に僧侶の読経の中を参列した会員が祭壇の前で焼香をした。

私は楠公祭に参列すると、すぐに心は楠妣庵《なんぴあん》に飛び、正面石段の登り口の脇にある楠氏母子の像を想起するのである。

湊川で戦死した正成の首級は、敵将足利尊氏の配慮により、生まれ故郷の南河内の地に送り届けられた。それを受け取った長男の正行は、父に殉じて自決しようとしたのだが、それを諌めたのは母久子だった。ここで命を絶てば犬死にになる。成人の後、父の遺志を継いで南朝のために戦えと諭したのである。そのときの情景が彫像として飾られていて、説明板には久子夫人の歌が示されている。

世の憂きも辛きも偲ぶ思ひこそ
心の道の誠なりけり

正行に届けられた正成の首級は観心寺に

観心寺山門

埋葬され、「楠公首塚」として今に伝わるのである。

楠妣庵に詣でて

楠妣庵は富田林市甘南備《かんなび》に位置し、現在は臨済宗のお寺であるが、楠木家の菩提寺として南朝ともゆかりが深い。寺伝によれば、楠公夫人は久とも久子ともいう。甘南備の豪族の娘で小さいころから厳しく躾《しつ》けられ、二十歳のとき楠木正成に嫁ぎ、武人の夫を支え正行以下の五人の子供を育てあげた女性で、ドラマにも描かれた賢夫人である。

夫正成が湊川で戦死し、後年長男の正行が正平三年（一三四八）に戦死したのを機に、郷里に草庵を建て、亡き夫と正行他一族の菩提を弔い、楠木家の菩提寺とされたのだった。

だから、寺名が珍しく楠妣庵となっている。

府道千早富田林線から少し外れ、近年は裏側から墓地の脇を通って境内へと登っていく。梅雨の頃に参拝すると山あじさいの花が迎えてくれる。近年あじさいは品種改良され、多彩な花が見られるが、古来の山あじさいは素朴で清楚である。

山あじさい楠氏久子の面影や

参道脇には久子夫人が使っていたという井戸が残っていて、今なお水が湧いているという。裏門から境内に入ると、欅《けやき》、楓、楠などの古木が枝葉を茂らせ、小鳥のさえずりが聞こえる。山峡の静かで幽すいな雰囲気が満ちていて、古来、文人墨客が訪ねてきたことを窺わせる。本堂の柱には海軍大将東郷平八郎の筆になる表札が掲げられ、堂内の壁面には「太平記」による楠木正成の活躍の名場面が絵と詞で飾られていて、見る者の涙をさそう。

本堂前の石段を登ったところに、観音堂と楠氏一族のお墓がある。萱葺きで長年放置されたような状態であったのが、大正四年、建築の権威伊東忠太博士の設計により修復整備され、現在のような姿になったらしい。伊東博士により、吉野朝時代の建築様式による瓦と銅板葺きの観音堂となったのである。かつて、昭和天皇が皇太子時代、行啓のみぎり観音堂が御座所になったそうで、そのときの記念にお手植えの楠の木が大きく育っている。左手の奥まったところに、背後の竹藪と山を背負って正成・正行・

久子など楠木一族の墓石が苔むして、ひっそりとたたずんでいる。周囲の木立からは小鳥のさえずりがこぼれていた。

筆者の個人的なことを言えば、通った小学校が楠木正成の郷里を意味する「楠郷」小学校で、観心寺に近かった。終戦の年に入学した私たちは、一年も二年も遠足は楠妣庵だった。

学校から徒歩で、観心寺の手前から峠を越えて隣村の甘南備へと降りていくのだが、道の両側に楠の木が茂っていて、地元では「楠公道路」と呼ばれている。楠公没後六百年祭の記念事業として整備されたのだった。

楠公道路のことについては、『昭和の遺書』（角川書店）の中に貴重な発見をした。この書は今次の大戦で若くして祖国のために戦って散っていった青年たちの遺書集だが、その中に旧制富田林中学校第三十八期生の木ノ本豊青年の遺書があり、楠公道路のことが触れられていて、私はいたたまれない気持ちになった。

暑い暑いといった夏も何時しか去って、羊腸を描く楠公道路の萩も次第に紅に染まっていく朝は、非常に涼しくて何とも言えない清らかな気持ちである。（中略）

ああ僕も間もなく故郷を去るのだ。此の地で萩の花を見、気持ち良い秋風を呼吸するのも此れが最後だ。（以下省略）

木ノ本豊氏は、楠妣庵に近い正成ゆかりの千早赤阪村出身で、小・中学校の校章は菊水だったという。そして、小さい頃から楠公に学べと、尽忠報恩が身にしみて育ったという。私も小・中・高校時代を菊水の帽章で過ごしたことを誇りに思っている。

今年は終戦後七十年の節目の年にあたる。戦後生まれの人口が圧倒的に多くなり、戦争体験が次第に薄れていく中にあって、マスコミでは今次の戦争を回顧する企画も目立つが、この年にこの手記を発見したのも何かの因縁ではないかと思っている。

（平成二十七年五月）

岩湧寺と岩湧山

河内長野市内には古寺名刹が多い。旧川上村内には河合寺、観心寺、延命寺の三名刹があり、その他にも天野山金剛寺、岩湧寺、極楽寺などの由緒あるお寺が存在する。これには役小角《えんのおづぬ》と空海の影響が大きいと考えられる。奈良時代の初めに、役小角（役行者）が葛城山中で修業され、河内と泉州の山岳地帯を巡り、法華経の巻を書写して納めてまわる一方で、葛城山頂に転法輪寺、麓に広川寺、高貴寺を、更に観心寺の草庵を創建されて、仏教興隆の基礎づくりをされた。その後平安時代の初期に、空海（弘法大師）が京都から高野山への途次、南河内地方を巡錫《じゅんしゃく》して回られ、諸寺院を建立再興されたという歴史的背景が大きく作用していると私なりに考えている。

そのような背景の中で創建されたのが岩湧寺で、山号を湧出山といい、岩湧山の中腹に位置する。寺伝によれば、大宝年間（七〇一～七〇四年頃）に文武天皇の勅願により、役小角が開いたのが最初とされる。その証拠に、役小角が河泉二十八品に法華経を納めてまわったとされる従地涌出品第十五の経塚が岩湧寺に存在する。その後、空海が再興にかかわり、古代から中世は真言宗、真言修験道であったと考えられる。更に天台宗に属したこともあり、明治五年の神仏分離令により、修験道廃止の太政官布告が出され、これと前後して吹き荒れた廃仏毀釈の嵐の中で、岩湧寺は明治三年（一八七〇）に無住寺となった。そして明治六年（一八七三）には槇尾山施福寺に属することになり、更に明治二十二年（一八八九）には融通念仏宗の大念佛寺（平野区）の末寺となり、現在に至っている。このように岩湧寺は創建は古いが、途中幾多の変遷と興亡を繰り返し、改宗を余儀なくされてきたのは不運だったと言える。

河内長野市の二代目市長だった井上喜代一氏は油絵を趣味とされ、ユースホステル協会事業にも力を入れられた文化人でもあった。氏のふるさとへの思いをまとめた画文集『かわちながの百景』（万葉画廊発行）の中にも、岩湧寺のスケッチと文章が載せられている。

ここに再録すると、

うっそうとした杉木立をぬって、岩道づたいに岩湧寺へたどりついたところ、右手に古い寺の建物、左手に鳥居をいくつかならべて、岩からわきでたように、竜臥堂のほこらが見える。

丹《あか》い鳥居
しめなわの黄

それにはさんだ紙垂《しで》の白さが目にしみるようだ。このあたり、野生のシャクナゲがみられる。

また、先年NHKの朝ドラ「花子とアン」でドラマのモデルとして採りあげられ、一躍現代の人々にも注目された柳原白蓮も、岩湧山の風景を短歌に詠んでいる。昭和二十六年に三日市村を訪れ、「油屋」旅館に投宿し、その後橋本から九度山を経て高野山へと、講演と文学の旅をしたとき、次のような歌を残している。

岩湧は　眺めよき山　青々と
群たつ松の　眺めよき山

葛城の山並み遠く　見るところ
岩湧山を　まともにむかふ

（原文　かな文字）

岩湧寺はその名のとおり、背景に岩湧山がそびえている、標高九百メートルで府下では金剛山に次ぐ高さである。昭和十三年（一九三八）に、大阪府から名勝に指定されている。四季を通じて山容の色彩は微妙に変化する。さまざまな小鳥が棲息し、石楠花《しやくなげ》の自生地としても有名で、日本古来の伝統種の桃色のシンプルな花弁は楚々とした美しさを見せる。秋には秋海棠の自生地として杉並木の

秋海棠咲く岩湧寺

下に美しい花園が出現する。境内にはカヤ（榧）の大木（河内長野市指定天然記念物）がどっしりと大地に根をはり、樹齢五百年にもなる杉の大木が天に伸びている。

大阪府と奈良県によって整備された自然歩道「ダイヤモンドトレール」の一部にも含まれ、平成に入って、大阪府と河内長野市によって「岩湧の森」の整備が進み、「四季彩館」が設置されている。

岩湧山は府下南部では格好のハイキングの舞台でもある。金剛山ほど標高が高くないので降雪は深くなく、頂上附近に樹木がないので金剛山のブナ林の樹氷のような美しさはない。反面頂上附近はすすきの原が美しく、ここからの眺望は素晴らしい。すすきが枯れた萱は良質で、寺社の萱葺きの材料として重宝がられ、文化庁に納められている。平成二十五年秋には三十年振りに、観心寺の楠公建掛塔の屋根が、岩湧山の萱で葺き替えられた。

この頂上のすすきの原の中に大きな石が輪状に並んでいる。この石について、私が高校一年の日本史の授業で、担当の藪本先生がひょっとすると、古代人が扱ったストーンサークル（環状列石）のようにも見られると話されたことが、いまだに頭の中に残っている。その後、何度か頂上に登ったとき何かロマンを秘めているようで、そのことを意識して注目したことを記憶している。

私などは昭和三十年代半ば頃から何度となく岩湧山頂までハイキングを楽しんだものである。登るコースは三日市から入るコースと紀見峠から登るコース、そして滝畑地区から登るコースの三つに分かれるが、私は滝畑から登った経験はない。四十年ぐらい前までは、焚き火の規制がさほど厳しくはなく、飯盒炊さんを楽しんだことが懐かしい。三日市駅から七キロの道を歩いて岩湧寺に辿り着き、お寺の下の谷の岩場で、周囲の山から薪や落葉を集めてきて焚き火で飯盒の飯を炊き、カレーライスをして食べたものである。大学の同級生と行ったり、地元神が丘の青年団で出かけたりしたことを思い出す。

一方、紀見峠駅から登ったこともある。岩湧山の裏側の麓の杉林の中で、飯盒炊さんをしたこともある。岩湧山は麓から峰筋まで登るのが急坂で、峰筋から西方へ縦走して頂上のすすきの原へ到達する。あるとき、職場の同僚と紀見峠から登り、麓で飯盒炊さんに手間取り頂上に達したときは夕方近くになっていた。山上から三日市駅までの帰途は途中から日が暮れてしまい、月明かりの下、歌いながら夜道を歩いて三日市駅まで帰ってきたことも懐かしい思い出である。

河内源氏の里を訪ねて

南河内地方は古くから開け、有史以来さまざまな歴史に彩られてきた。古くは古墳時代から日本の政治と文化のあけぼの、飛鳥・奈良時代にかかわる数々の陵墓や史跡、古寺・名刹が各地に存在する。仏教が早くから浸透し、奈良時代には崇仏派の蘇我氏（馬子）が創建した河合寺や龍泉寺などの名刹、聖徳太子の創建になる叡福寺などが存在し、平安初期には空海（弘法大師）ゆかりの観心寺他の名刹が創建された。更に下って中世の南北朝時代には後醍醐天皇の南朝方に与《くみ》した忠義の武将楠木正成の活躍はめざましく、彼にゆかりの史跡も数多く残っている。何よりも正成の活躍は南河内の人々の心に深く刻まれている。

私は学生時代から、郷土の歴史に魅せられ、歴史書をひもとき、ゆかりの史跡を何度となく訪れるなどして、往時を偲んできた。しかし、私の郷土の歴史探訪の中で、長らく忘失してきたのが、羽曳野市内通法寺地区の源氏三代墓と壺井神社にゆかりの河内源氏の存在だった。鎌倉幕府を開いた源頼朝につながる源氏の正統が、石川周辺の河内源氏から発していることを思い、もう少し河内源氏のことが地元でも見直され、観光的にも再評価されるべきではないかと考えるようになった。

河内源氏に関する著述もたくさん出ているが、先年元木泰雄氏（京都大学教授）の『河内源氏』（中公新書）が発刊され、その中でこれまでの研究の成果を踏まえつつ、史実の分析に基づいて詳細に河内源氏の足跡が跡づけられていて、私は大いに啓発されたのだった。近年、少しながら河内源氏の存在を見直し、その跡地を訪れようという兆しも見られるのではないかと私なりに喜ばしく感じている。

もう一つ、東日本大震災を機に、東北地方の歴史と東北人について見直し、深く考察しようという動きが見られるようである。その中心の一人として盛岡在住の作家高橋克彦氏の存在がある。氏は文化や情報の中心の東京から離れ、故郷の東北（盛岡）の地にあって、先住民たる蝦夷の存在について、その象徴的英雄たるアテルイの活躍にスポットを当て、東北の歴史の再評価を訴えておられる。大和朝廷の中央政府から、辺境の地の被征服民たる蝦夷について、その長編小説「炎立《ほむらた》つ」及びその他の著述の中で、坂上田村麻呂の蝦夷征伐に始まり、前九年の役、後三年の役から、平泉の藤原三代の栄耀へとつながる歴史の跡づけと再評価を強く訴えておられるのである。アテルイについてはＮＨＫの歴史ドラマにも放映されて話題となった。

私には、清水寺の境内に建てられたアテルイ・モレの顕彰碑のことが印象的で胸に深く刻まれている。この建碑にあたっては、私の職場の先輩である森口隆次氏（元大阪市立博物館長）が関西在住岩手県人会副会長として奔走され、その苦労の裏話を聞かされているだけに、アテルイのことが心の中で大きな存在となっている。

アテルイにつながる東北の現地人（蝦夷）の征圧のために、平安時代末期に東征軍の将軍として現宮城県、岩手県の地に派遣されたのが、源頼信に始まる頼義、義家父子の三代であった。いわゆる前九年の役と後三年の役として伝わる歴史である。「炎立つ」は想像をまじえて、この征討の興亡史を被征服者の側に立って詳細に描いているが、その中でも河内の壺井神社のことが触れられており、東征軍の中心が源頼信・頼義・義家の三代だっただけに、私は改めて河内源氏のことを思い、源氏三代墓を訪ねてみたくなったのだった。

源氏三代墓・壺井神社の再訪

私が初めて源氏三代墓を訪れたのは七、八年前のことである。高校のクラスメートであるH君の案内で、源氏三代墓から通法寺跡、壺井神社を訪ね、壺井神社では高木宮司にお話をうかがったのだった。高木宮司夫妻も母校（府立富田林高校）の後輩だったが、宮司が先年物故されたのは残念だった。

平成二十五年七月、ちょうど関西地方の梅雨明け宣言が発せられた日だった。空は青く晴れあがり、入道雲のような白い雲がむくむくと空にかかり、日差しは厳しく容赦なく降り注ぎ、少し歩けば汗がふき出してきた。

所在地は羽曳野市領に属するが、この辺りは旧村時代の境界が入り組んでいて、富田林市、太子町とも隣接していた。富田林市から自動車で出発し、北上して新貴志橋を渡って東進し、左折して羽曳野市内へと入ってきた。

やがて通法寺地区の集落に入り旧道を走った。自動車の対向が困難なくらい狭い道だった。注意深く集落を通りぬけたところに、通法寺跡の広大な敷地の前に出た。

通法寺は源頼義が居宅の南側に建てた源氏の氏寺であった。敷地の中には山門と鐘のない鐘楼だけが残っていた。山門をくぐって奥まった一角に源頼義公のお墓があった。敷地内には太い桜の木が立ち並び、他にも欅や楠の木も植わっていた。地面には雑草が高く伸び、猪に注意！　という立て看板を見つけたときにはびっくりした。

そもそも河内源氏は、源満仲の三男頼信が十一世紀の中葉に河内守として赴任し、後に当地に居館を建てたのが始まりと伝えられる。通法寺跡は頼信の子頼義が居館の南に建てた寺院だった。山号を石丸山と称し、真言宗の長谷寺豊山派の末寺にあたる。本尊は阿弥陀如来像（河内名所図会）。寺跡は国の指定史跡である。源氏の氏神でもある壺井八幡宮の南方にあり、中世には壺井八幡宮の別当寺（神宮寺）で社僧が社務を兼ねており、壺井八幡宮と一体の動きをして

源頼義の墓

いた。

現地に立つと広大な敷地である。さぞ立派な建物が建ち並んでいたことだろうと想像された。残念ながら、通法寺と壺井八幡宮は天正元年（一五七三）十一月、織田信長の河内侵攻によって、当地の神社・寺院・民家ともに「一切ノ烟ト消滅ス」と伝える。織田信長は南河内地方でも通法寺・龍泉寺・河合寺などの名刹を灰じんに帰せしめている。

その後、通法寺は江戸時代になって、五代将軍綱吉により元禄十三年（一七〇〇）修復復興がなされ、その際、源氏三代の頼信・頼義・義家に「正一位壺井権現」の号が与えられている。残念ながら、明治初年の廃仏毀釈によって焼き打ちされ、再び全堂宇が消失し、現在に至っている。こうしてみると、廃仏毀釈は神道を国の中心に据える維新政府の方針とはいえ、仏教文化に甚大な被害をもたらした愚かさに思い至るのである。

通法寺跡の前から丘陵地帯へ向かって整備された敷石の道をたどった。道端には収穫を終えた特産のぶどう畑があり、農家の夫婦が暑い中で働いていた。三百メートルばかり進むと、源義家公の墳墓を示す御影石の標柱が立っていた。急な地道の階段を登っていった。百メートルばかり登ると平坦な場所に出た。周辺は桜や椡《くぬぎ》の大木が植わっていて、緑の枝葉をいっぱいに茂らせ、真夏の暑さを凌ぐ格好の緑陰を形成していた。平坦な広い場所に「△△世阿闍梨」などと刻まれた僧職の墓石がずらりと並んでいた。恐らく通法寺の歴代の住職の墓石と考えられ、後世この地に移設されたものだろうと推測された。平坦な地形の中央奥まったところに、樫や椡などの木が生い茂った築山状の墳墓があり、義家公のお墓だと標柱に示されていて、墳墓の前に閼伽《あか》棚《だな》が設けられていた。

源義家は三代の中では最も有名で、またの名を八幡太郎の愛称で呼ばれている。これは頼義の長男として生まれ、京都の石清水八幡宮で元服したので、こう呼ばれたのだった。

義家公の墳墓と向き合うように、百メートルばかり離れた丘陵が源頼信公の墳墓だった。二つの墳墓の間には当地の名産駒ケ谷ぶどうの棚をビニールの屋根で覆ったぶどう畑が広がっていた。すでに収穫の終わった畑とこれから熟する大粒のぶどうとに品種が分かれていた。

頼信の墳墓も椡の木が茂り、築山状の形状の墳墓だった。頼信公の墳墓の傍に隆光大僧正の墓とそれに連なる権大僧正の墓石が立っていた。通法寺の再興に尽力された旨説明板に記されていた。残念ながら手入れが行き届かず笹などの雑草が生い茂り、墓石が半ば埋もれていた。

頼信・義家の墳墓の中間の坂道を降りていくと、集落の墓地に出た。通法寺墓苑と表示され、集落の人々のおびただしい墓石が林立し、集落の戦死者の墓石も立ち並んでいた。

通法寺の集落を抜け、通法寺跡から五百メートルばかり東に走ると源氏の氏神である壺井八幡宮の前に出た。鳥居をくぐると石段の前に壺井の由来である清泉壺井の石で囲った井戸が残っていた。

急な石段を登ったところが神社の境内だった。右手に樹齢千年と推定される見事な枝振りの立派な大楠が立っていた。大阪府の指定になる天然記念物だった。境内の奥に立派な檜皮葺きの社殿があり、背後の山が御神体となっていた。社殿は近年葺き替えられたらしく丹塗りの鮮やかな建物で、建替寄贈者の名前が大きな石碑に刻まれていた。更に左手の奥まったところに寄贈者名を刻んだ石柱で囲まれた権現社があった。その隣に石庭が設けられ、義家公の和歌を刻んだ歌碑が建っていた。

吹く風を　勿来《なこそ》の関と思へども
　道を背に散る山桜かな

壺井八幡宮の祭神は応神天皇・仲哀天皇・神功皇后。社伝では、天仁二年（一一〇九）源義家が山城国石清水八幡宮より勧請したと伝えるが、河内源氏の源頼信・頼義・義家三代の墓所を守るための寺に始まったと考えられている。義家らは早くから京都に出て活躍していたが、一族はなお石川の谷に蟠踞《ばんきょ》していた。治承・寿永の内乱の頃に、源義基・義華父子が出ており、当宮を創建したのも彼らであったという説もある。

当宮の管領は通法寺の社僧が全面的に掌握していたと推定されるが、興国六年（一三四五）正月に後村上天皇は当宮社務職を安堵しており、社僧と別に社務が置かれていたことが知られている。「河内名所図会」には観音堂・鎮守社とともに頼義廟堂が描かれており、三代の中では特に頼義が重視され、祭神の中心であったことを示唆している。このことは通法寺跡の境内に頼義公の墓所が築かれていることからも窺える。

（注）本稿は、富田林高等学校同窓会報「菊水郷」に掲載したものに加筆修正したものである。

壺井神社

建水分神社を訪ねて

ＮＨＫのＢＳ放送で「こころ旅」と題して、俳優の火野正平氏がスタッフと一緒に、視聴者から寄せられた手紙に基づいて、思い出の故地を訪ねる番組が人気を呼んでいる。北は北海道から南の沖縄まで全国四十七都道府県を一週間単位で訪ね歩くのであるが、すでに二巡目に入っている。

過日（平成二十八年十月第一週）の番組は大阪府の巻で、金剛山ロープウェイから楠木正成のゆかりの地を、赤阪城址と棚田風景、建水分神社などを訪れていた。いずこの地も郷土の史蹟であり、私自身何度も足を運んだ場所ばかり。懐かしくも興味深く拝見した。建水分神社は「たけみくまり神社」と読むが、土地の人はみな「すいぶん神社」と言っており、地域（集落）の地名も「水分（すいぶん）」というが、建水分神社に由来している。私も子供の頃から「すいぶん神社」と聞かされて育ってきた。

金剛山の麓から流れ出た水分川の上流に位置し、水分の集落を見下ろす山の麓にあるが、かつてはもっと山下の現在の「下の宮」という字《あざ》にあったのが、中世に楠木正成によって現在地に移設されたらしい。因みに、水分神社は各地に存在する。何故かと言えば水を司る神様を祀るからである。農耕民族の日本では、古来食料の確保のために米作（水稲）が最も貴重で、米こそが財貨の中心だった。為政者は常に土地（耕作地）の確保のために戦ってきたのである。大切な米作のためには、水の確保こそが不可欠であり、そのために水の神様を祀り、時には農民は水争いのために血を見ることさえあった。従って、水源の上流地域には必ず「水分神社」が祀られてきた。建水分神社はこの地域一帯の水を司る神様を祀る中心的存在であった。建水分神社の近くにも、金剛山と葛城山の鞍部の水越峠を越えた奈良県側の御所市名柄にも水分神社が存在する。

水分神社と並んで、川の上流地域の地名に「川上村」というのも多い。私の育ったのは大阪府南河内郡川上村だが、奈良県吉野郡にも川上村が存在する。

話は少しそれたが、建水分神社は「延喜式神名帳」に載る石川郡の小社「建水分神社」に比定され、由緒ある神社である。祭神は五柱であるが、天水分神（左殿）、国水分神（右殿）が祀られていることからも、主に水を司る神社であることがわかる。神社伝によれば、崇神天皇五年天下饑疫の際、勅して金剛葛城の山麓に水神を祀ったのが始まりとするが、「日本書紀」同年の条には疾疫の記事はみえるが、当社創建の記事は記されていない。建水分とは猛だけしい水の配分を司る神名を意味していると思われ、葛城山と金剛山の間を流れる水越川の配水の神を祀ったと考えられる。

平安時代には、神位は従五位上から、次第に従四位上へと進級している記録がある（三代実録）。中世になると、後醍醐天皇が楠木正成に命じて、当社を山下から現在地に移させ、神殿、拝殿、鐘楼などを造営し、稲田を寄進し、神供に充てたという（『千早赤阪村誌』）。当社の大鳥居の扁額には「正一位水分大明神」とあり、後醍醐天皇の宸筆と伝え、裏には左衛門少尉楠木正行書と記されている。これを見ても、中世に神位が急に上昇したことがわかる。

天正十二年（一五八四）には、豊臣秀吉は祈祷料として田地一反、実収として米一石三斗を、作人ともども当社に寄進している。その後、慶長十三年（一六〇八）十一月十一日には検地が済んだので、先の代官伊藤秀盛の書付どおり、田地、作人を永代寄進するという、片桐且元寄進状が出されている。

本殿三棟は、国指定重要文化財で、建築史上吉野朝時代前年と考えられており、後醍醐天皇にかかわる記事が信頼できるものと考えられている。「本殿は春日造り、左右殿は流れ造りで、渡廊を以って連絡した水分式建築である。観心寺の……建掛塔と本社殿とが重要文化財であるが、いずれも楠公が奉行として建てたのであるから、楠公には建築に於いても見識をもっておられたことを知る」と『千早赤阪村誌』にも記されている。

説明はそれくらいにして、若干の思い出を書きとどめたい。

六十余年前、富田林高等学校在学中は、戦前の楠公顕彰の気風が残っていて、毎年秋には全校男子生徒六百人が楠公遺跡を巡る一万五千メートルのマラソン競争が実施された。私たちは金剛大橋を渡って山中田、大伴を経て森屋から長い坂道を登り、水分

楠公誕生地（千早赤阪村）

神社の門前を通過し、ここから坂道を左折し、河南町内の集落を通って学校の校庭へと帰ってきた。水分神社を目ざす長い坂道の厳しかったことを今に記憶している。

もう一つは、水分神社の境内の背後の山道から金剛山頂へ辿る登山道がかつては通じていた。大学時代、高校の友人数人で歳末の十二月三十日に、水分神社から金剛山へ登ってみようと、富田林駅前から金剛バスに乗り、森屋で下車してここから坂道を歩いて水分神社に参拝した。神社から背後の杉林の山中を歩いて金剛山頂を目ざしたのだが、地図も持っていないし案内標識もないまま歩いたので、途中で道に迷い、山中で弁当を食べて再び歩き出し、やっと午後三時頃に山頂より北の尾根筋に辿り着いたという苦い思い出がある。

数年前建水分神社に参拝した際、神職の方にその当時の思い出を話したところ、宮司さんを中心に何人かで往時のルートを確認のため山中を歩いて辿ったが、近年広域農道のグリーンロードが開設されたことによって、その工事のために登山道が分断されていて、かつての登山道を明らかにすることができなかったということを聞かされた。今では水分神社から金剛山を目ざす者もないので、かつての登山道も獣道《けものみち》のように廃れてしまったのだろう。

〝桜井駅址〟を訪ねて

楠木正成が足利尊氏・直義兄弟との決戦のため兵庫へと出発する際、従軍を希望する長男正行を諭して南河内の母のもとへ帰らせた、いわゆる楠公父子の決別の地が島本町の桜井の駅であり、その決別に至る前後の状況は「太平記」に次のように綴られている。「正成是ヲ最期ノ合戦ト思《オモイ》ケレバ、嫡子正行ガ今年十一歳ニテ供シタリケルヲ、思フ様有《ヨウアリ》トテ桜井ノ宿ヨリ河内へ返シ遣《ツカワ》ストテ、庭訓ヲ残シケルハ、…（中略）…今生ニテ汝ガ顔ヲ見ン事是ヲ限リト思フ也。…（以下略）…」正成は自分の戦略上の建策が採り入れられず、戦死覚悟の出征だったことが偲ばれ、読む人の涙をさそう。そして、落合直文の作詞になる〝青葉茂れる〟の哀歌も有名である。

私は小学生の頃から〝青葉茂れる〟の歌は諳んじていたが、二番までしか覚えていなかった。しかし、落合の詠んだ歌は六番まであることを知ったのは、観心寺で執り行われる〝楠公祭〟でだった。東京の片田舎に育った、私と同年の従姉妹は、六番までを諳んじていて、小学校の学芸会で劇を演じたとき六番まで歌ったという。私が小学校高学年の頃だったと記憶するが、観心寺の恩賜講堂で講演会が催されたとき、講師が演壇に立つなり、皆さんこの地にゆかりのあるあの歌を歌いましょうと言われ、会場全体で〝青葉茂れる桜井の――〟と歌ったことが思い出される。これを見ても、戦前は忠君の鑑《かがみ》として、国策的に如何に楠木正成が讃えられたかが窺われる。観心寺の宝物館には、陸軍大将大山巖元帥と海軍大将東郷平八郎元帥の手になる二幅の正成像が納められているし、楠妣庵本堂の柱にかかる掲額は東郷元帥の揮毫である。

初夏の一日、私はＪＲ桜井駅に降り立った。駅前がロータリーになっていて、南に向いて右側に島本町立歴史文化資料館が建ち、左側に桜井駅址の史跡公園があった。ロータリーから西国街道に通じるように道路が整備されていた。

歴史文化資料館は、昭和十五年皇紀二千六百年記念事業として、一帯が拡張整備されたとき、桜井駅址記念館「麗天館」として建設されたものだった。歴史文化資料館は屋根瓦が葺き替えられ、太い柱と格天井の立派な木造建築で、舞台も設けられていた。館内には遺跡からの発掘資料、島本町内の史蹟に関する資料などが展示されていた。見学して一番の発見は、水無瀬が将棋の駒の発祥地であることを知ったことだった。私たちは将棋が九線対九線の八十一枠が当然のことのように思っていたが、かつては十二線対十二線の一四四枠からなる中盤将棋もあったといい、実物の将棋盤が残されていた。それが淘汰されて小型の八十一枠の現在の将棋に落ち着いたという。そして水無瀬の地は将棋の駒を製作する名人がたくさん存在し、その代表は能筆家の水無瀬兼成氏で、かの豊臣秀吉は六十組の駒を注文し、知人や部下の部将に贈ったという。

駅前のロータリーをはさんで、北側に桜井駅址の史蹟が整備されていた。松や欅などの植栽に囲まれ、中央の盛土の部分に陸軍大将乃木希典の書になる「楠公父子決別之所」という巨碑が建っていた。裏面には枢密顧問官細川潤次郎男爵の撰書が刻されていた。

以下に、桜井駅址が明治以降、第二次大戦の終戦までどのようにして顕彰され、整備されていったか辿ってみたい。

古くは芭蕉がこの地を訪れていたことを初めて知った。「泊船集」（元禄四年）に、

正成之像、鉄肝石心比人之情

なでし子に　かかるなみだや　楠の露　　　はせを

と記している。鉄石のごとく変わらない忠義をもった正成も、我が子正行と別れたときには、人知れず涙を流したことであろう、という意味である。

徳川光圀の編纂した「大日本史」にも記述されている。

頼山陽も、文政八年（一八二五）に「過桜井駅址（桜井の駅を過ぐ）」の七言律詩を残している（『日本外史』）。

明治以降も、大正、昭和の終戦にかけて多くの石碑等が建立され、現在十三基を数えると説明されていた。戦前は如何に顕彰されてきたかがわかるのである。

明治九年に、「楠公訣児之處」の石碑が建立された（大阪府権知事渡辺昇の書）。裏面には駐日イギリス公使パークスの英文の顕彰文も刻されていた。

明治二十七年には「忠義貫乾坤」（忠義乾坤を貫く）の石碑が建立された。

明治四十五年には、高崎知事を総裁とする「楠公父子訣児之処修興会」が発足し、著名人の高崎知事、土方伯爵、東久仁伯爵、徳川伯爵、住友吉左衛門、藤田伝三郎ら十九名を賛助会員として寄附を募ったという。皇室からも「御下賜金一封」（大正二年）を受け、敷地を四八〇〇㎡に拡張して整備し、盛土に陸軍大将乃木希典の書になる「楠公父子決別之所」の巨碑を建立した。

大正十年に、「櫻井驛址」を国指定史跡に内務省が指定した。

昭和六年に、明治天皇御製の和歌の碑が建立された。明治三十一年十一月三島地方での陸軍大演習に行幸の際、詠まれたものという。

子わかれの松のしづくに袖ぬれて
昔をしのぶさくらゐのさと

昭和十年、没後六百年を記念して楠公六百年祭が盛大に執り行われ、これに併せて仮設の「上牧桜井の駅」が開設され、その後十四年に「桜井駅」が開業となった。

昭和十二年に、大阪の実業家一瀬粂吉氏が桜井駅跡を訪れ、楠公父子の誠忠に感涙し、同志数人で敷地約二千坪を拡張した。

昭和十五年（一九四〇）、皇紀二千六百年記念事業により、史蹟の拡張整備が一層進められ、敷地を南部に拡張し、桜井駅跡記念館「麗天館」（近衛文麿筆）が建設された。これが戦後、「島本町立歴史文化資料館」として現在に至っている。

昭和十七年、「楠公別れの石像」が建立された。台座には近衛文麿公揮毫の「滅私奉公」が刻まれている。これに銅像が建立されていたが、戦時中の金属供出のため供出し、コンクリート製の像となったのであった。現在の石像は平成十六年に再建された。これに模したのが四条畷神社境内の像である（平成二十七年建立）。

私は歴史文化資料館を訪れたとき、若い女性職員に館のことを尋ねながら、他に入館者がいないのを良いことに、私のほうから楠木正成について知っていること、感じていることをいろいろ話しかけた。しかし、彼女は二十代とあまりにも若く（五十歳の年齢差）、学校の歴史でもほとんど学ばなかったとて、私の話をまるで別世界のことのように熱心に聞いてくれた。

これを見ても、第二次大戦の敗戦を機に歴史観が一八〇度転換し、唯物史観が強くなり、戦争の反省もあって、楠木正成は全く忘れ去られたかのような存在で、高校の日本史の教科書に名前が載るぐらいのものである。私は戦意高揚のためにもてはやされた戦前から、戦後の無視されたかのような存在、この極端な評価の落差にとまどうとともに、いずれの見方も行き過ぎではないかと思っている。南河内の人々にとっては、特に年配の世代には楠木正成こそ歴史に残る郷土の偉人である。

武人として胆力があり、思慮深く至誠の人である。時代の推移を見通す眼も確かで澄んでおり、残された書などを見ても学芸にも優れていたと思われる。資料が抹殺され、出自など不明な点も多いが、楠木正成の人格と治績が正当に評価されることを願う者の一人である。

（平成二十五年五月三日）

四条畷神社から楠木正行墓所へ

以前に拙著を四条畷在住の亡妻の友人に贈ったとき、「楠木正成について興味深く読ませていただき、南河内が由緒深いことを初めて知りました。しかし、当地にも四条畷神社・小楠公墓所・楠公ロードなどがあります」と、電話で聞いたことがあった。それで調べてみると、四条畷は楠木正行にゆかりが深いことを知ったのだった。その後、職場時代の友人数人で生駒から飯盛山麓を経て四条畷神社へ出、参拝後楠公ロードをたどって楠木正行墓所まで歩いたことがあった。ところで、今年（平成二十八年）もう一度訪ねることにした。これは楠氏父子の遺跡を訪ねる私の旅の一環でもある。

ＪＲ四条畷駅で下車。以前の記憶があいまいで、歩き始めると一ブロック別の四条畷学園の前へとやってきた。すれ違った高校生らしい二人の女性に四条畷神社への道順を尋ねると、土地の人ではなかったのか携帯のスマートホンで調べてくれたが要領を得なかった。ついでに楠木正成のことを尋ねたが、日本史の教科書にも出てこないのか、全然知らなかった。南河内に育った者として淋しかった。もう一人の若い女性に尋ねると、すぐに四条畷神社への道順を教えてくれた。JRの踏切の手前を直角に曲がり、飯盛山の方角へ楠公ロード歩き始めた。

神社のずっと手前に四条畷神社の一の鳥居があった。鳥居の中央に銅板の額がかかっていて、柱には大正四年五月建之と彫られていた。鳥居のすぐ前左右に大きくて立派な常夜燈籠が立っていて、火袋の下の台座には多くの寄進者の名前が刻されていた。踏切から境内前の二の鳥居までの楠公ロードは八百メートルぐらいだった。歩道の片側に街路樹が植えられ、その下に大型のフラワーボックスが並べられ、背丈の低い樹木と草花が植えられていた。この植栽は宝くじ助成金により平成十三年に設置された旨大東市の説明板が立っていた。

この鳥居をくぐり境内にさしかかった。神社は飯盛山の麓に位置するので、かなり高い石段を登らなければならず、途中で息が切れそうになりひと休みして額の汗をぬぐった。両側には欅などの大樹が茂っていた。石段を登りきった境内の入り口に、向かって右側の標柱には「有孚」、左側には「顒若」と刻されていた。社務所の禰宜に尋ねると、中国の「易経」から引用され「マコト(孚＝誠)アリテ、ギョウジャクタリ」と読むのだと説明を受けた。

境内は広々としていた。石段を登った右正面に「淀川治水功労者大橋房太郎君紀功碑」(内務大臣正三位勲一等水野錬太郎書)が、その隣に功労者を顕彰する「治水翁碑」が建っていた。更に左側に「菊の晴　とはのなご美《み》を　ひれふしつ」と揮毫した自然石の立派な碑が建っていた。これは昭和天皇、同皇后陛下の喜寿の奉祝行事として、昭和五十五年五月五日に建立されたものだった。

境内を本殿のほうに向かって進んでいくと、右に有名な楠公父子の「桜井の別れ」の石像が、左に楠公夫人が正行を諫める「楠氏母子の像」が並んで建っていた。〝桜井の別れ〟の像には「忠孝両全」の文字が、〝母子の像〟の前には「貞仁両全」の文字が刻まれていた。昨年に建立されたばかりだということで、御影石の白さがまぶしいくらいだった。久子夫人が父の後を追って自害しようとする正行を諫める像は、富田林市内の楠妣庵の石段登り口横にある像とそっくりだった。そのことを神社の禰宜に話すと、楠妣庵を模して彫られたものだと説明してくださった。

四条畷で正平三年(一三四八)一月に楠木正行が戦死し、当地に小楠公墓所が祀られていたことから、明治になって、平田神社祠官の三牧文吾氏らが神社の創建を維新政府に請願し、明治二十二年（一八八九）に勅許が下り、翌明治二十三年に四条畷神社が創建されたのだった。別格旧官幣社。例祭は建国記念の日の翌日の二月十二日である。

四条畷神社は楠木正行公を主祭神とし、正行に殉じた将士二十七柱を併せて祀る。本殿のすぐ横に並んで「御妣《みおや》神社」がまつられている。これは正行公の御母堂で正成公夫人久子を祀る神社だった。「妣」の字が懐かしく楠妣庵をすぐに想起させた。

社務所で集印帳に集印を受け、宮司さんと禰宜さんに由緒などを尋ね、しばらく話をした。四条畷神社の高い石段を降りて、強い日差しの中を、辿ってきた楠公ロードを逆に歩き楠木正行公の墓所へ向かった。ＪＲの線路を横切って二百メートルばかり商店街の中を真っすぐに西に進むと楠木正行墓所にたどり着く。四条畷神社と小楠公墓所は楠公ロードをはさんで東西約一キロ余りの距離に正対していた。

楠木正行公墓所の標柱が立っていて、その後ろに忠（右）と孝（左）の文字が彫られた門柱が目をひいた。少し進んだ広い墓域の中央に太くて枝振りの良い大楠が左右に枝をはっていて、その隣に「従三位楠木正行朝臣之墓」と彫った高さ二丈（六メートル弱）ほどの御影石の大きな碑が建っていた。墓域の周囲を石柱の枠で囲んでいた。「河内誌」巻三十五の中に、陵墓、楠木正行の墓として記述されている。

「楠木正行公が正平三年（一三四八）一月、足利尊氏の武将高師直の大軍と戦い、戦死した場所である。ここに小さな石碑が建てられていた。その後百年余りして何人かが碑の近くに二本の楠の木を植えた。成長するにつれ、二本が合し、石碑をはさみ、このような大樹（樹齢五百五十年）となった。昭和四十六年三月三十一日大阪府天然記念物に指定された」（昭和五十六年十一月　畷古文化研究保存会）と説明されていた。「河内誌」の記述を読み下したものである。

『大東市史』には、現墓地は広くて立派であるが、小楠公の戦死した場所と現墓地とは必ずしも一致せず少し離れているが、「墓には埋め墓、祀り墓、縁《ゆか》り墓がある。没後八十年もたって墓を建てるとすれば祀り墓であるが、それは参り墓ともいわれるように、参拝に便利な場所がよく、街道筋か集落付近に建てられることになる。集落に近くて激戦の跡であると伝わる現墓地が選ばれたのは肯けることである」と記されている。

私は楠の大樹の墓所の前にしばらくたたずみ、父正成亡き後南朝のために雄々しく戦った若き英雄の生き様と短い生涯を思い、覚悟の最後の戦に発つ前の吉野での弁内侍との切ない悲しい別離を想起し、いたたまれない気持ちになった。太平記には、「返らじと兼ねて思へば梓弓《あずさゆみ》　なき数にいる名をぞとどむる」という歌を残して出陣していったと語られている。

（平成二十八年五月十三日）

川上中学校と板倉校長の思い出

ＮＨＫのドラマで、新田次郎原作の「芙蓉の人」が放映された。明治時代の厳冬期に富士山頂で決死の気象観測に挑み、やり遂げた野中到夫妻の夫婦愛を描いたものである。主人公の野中到を佐藤隆太が、妻千代子を松下奈緒が演じていた。

天気予報が当たらないのは高所での観測データがないからだと考えた野中到は、自ら中央気象台の嘱託として、厳冬期の富士山頂での気象観測を思い立ち、周囲の反対を押し切って、準備を整え決行したのである。装備も貧弱で不自由な生活の中、極寒の厳しい条件下での観測はまさに筆舌に尽くしがたいものだったことは想像にかたくない。夫を理解し、支えたのが妻千代子だった。小さい我が子を実家の両親に預けて、後から富士山頂に辿り着き、疲労衰弱していた夫を助けて自らも不慣れな観測を続けるのであった。現代の便利で整った生活状況からは到底想像できないほどの苦闘の様子がリアルに演じられ、感動を呼んだ。

新田次郎氏は、野中到夫妻のことを「芙蓉の人」だけでなく「富士山頂」でも描いている。私は遠く六十余年の昔、中学二年の国語の授業で「富士山頂」を教材として学んだことが印象深く記憶に残っている。ただ作者が新田次郎氏だったことは忘失していた。

私が学んだ南河内郡川上村立中学校は、全校生徒が百十余人程度の山村の小規模校で、その後過疎化の影響で二十四年の校歴でもって廃校になってしまった。在校当時の校長は板倉滋氏で、先生の英断で算数と国語（後に英語も加わった）で、全校生を対象に習熟度に応じた能力別教育が実施されたのだった。全校生が同じ問題でテストを受け、習熟度に応じて学年の枠を外してクラス編成がなされた。カリキュラムは必ずしも教科書通りでなく、先生が教材を選んでプリントしてくださった。国語の授業で「富士山頂」とか芥川龍之介の「トロッコ」などを学んだことを記憶している。紙質も悪く印刷の良くない図書の「富士山頂」を教材として学んだ野中夫妻の印象は強烈だった。今回のドラマはあのときの記憶を鮮明に思い出させてくれた。

ドラマの「芙蓉の人」の感動が大きかったので、日頃は講読していない「文藝春秋」を買ってきて、藤原正彦氏と松下奈緒さんの対談集を興味深く読んだ。藤原氏は言わずと知れた新田次郎氏の御子息であり、数学者ながら『国家の品格』を発刊以来、優れた評論を発表して活躍中である。松下奈緒さんは野中千代子を演じた女優である。

二人の対談の中で野中夫妻のことについて語っているが、同時に明治の女性の強さと素晴らしさが語られている。多くの女性は一歩下がって夫を支えるスタイルが戦前までは当たり前のようだったと、二人して自分の家族を思い出して語っている。しかし、すべての女性がそうだったのではなく、先進的な女性が新しい生き方を切り拓いていったのも事実。藤原氏と松下さんの家庭が共に士族だったという環境の家風だったことから余計にそう感じられたのであろう。そう言えば、松下奈緒さんも東京音楽大学出身のピアニストでありながら俳優として活躍されているが、どことなく芯の強さと気品を感じさせてくれる。今どきこんなことを言うのはどうかと思うが、人間誰しも育ちと品性は大切だと思う。

振り返って、昭和二十年代後半のまだ日本全体が戦後復興の途中だった時期、山村の小規模校で、設備も整っていない状況下、板倉校長の英断で、習熟度に応じた学習を受けたことは特筆に値すると思うのである。もう一つは全校生対象の実力テストの実施だった。実力テストは算数・国語・社会・理科の主要四科目について、全校生が一斉にテストを受け、結果は八十番目ぐらいまでが掲示されるのである。能力別教育と実力テストは全校生にとって緊張感をもたらし、ある意味では脅威だった。強烈な思い出は、私が二年生のとき新入生に北野一昭君が入学してきて、いきなり実力テストで全校生の中で連続して一番になったことである。まだ習っていない試験問題を解いて一番になるのだから、学校中がひっくり返るほど大騒ぎになったことを今なおはっきりと憶えている。

北野氏はその後、府立富田林高校から大阪大学に進み、学部を一番で卒業し、武田薬品工業㈱に就職し、後年研究所長として抗癌剤開発などに業績を残されたのだった（因みに、高校の同級生には岸本忠三氏がいた）。

能力別学級編成と実力テストは二年間で消滅した。恐らく、教育委員会からの指導や一部生徒や父母からの批判が原因していたのではないかと思う。しかし昨今、習熟度教育の実施が文部科学省や中教審で議論されているが、六十有余年昔に山村の小規模校で実施されていたことは特筆に値するし、そのことを体験できたことを誇りに思うのである。改めて板倉校長の先進的な試みと英断に敬意を表したい。

板倉校長は、設備の整っていない学校環境の下で、バレー、陸上競技、水泳などスポーツにも積極的に取り組まれ、思い出として金剛山への雪中登山がある。降雪があり校庭に雪が積もると、明日は授業を中止し、雪中登山を行うと決められた。翌朝は家を出るときから雪道を歩いて小深地区の集合場所へと向かった。現在の鱒釣り場の隣で、当時はバスはここまでしか通じていなかった。

集合場所を出発すると、くるみ峠(千早峠)のトンネルをくぐり千早村へ出た。長い石段を登って千早城址で休憩し、そこから一気に山上へと登っていった。その頃はアイゼンもなく、杖を持ちゴム長や長靴に荒縄を巻いたぐらいの装備で、深い雪道を生き生きと歩いたのだった。当時は歩くのが当たり前で、金剛山の南麓の石見川地区から観心寺畔の中学校までは最長八キロぐらいはあった。坂道の道路を自転車で時には徒歩で通学するのだから自然に心肺機能が鍛えられ、その頃中百舌鳥競技場で開催された南河内郡の中学校対抗陸上競技大会で、長距離の千五百メートル競争では石見川地区出身者が優勝したものである。

板倉校長は自ら書道をよくされ、中学校では書道部を結成して熱心に指導してくださった。教え児の中からは後年永田峰亭氏のような書の大家を輩出している。先生は退職後も書の道に精進され、何度も個展を開催され、ニューヨークまで作品展示に出かけられたことがあった。

私たち七期生はクラスの人気がよくまとまり、喜寿を越えた現在も毎年クラス会を開催しているが、板倉先生はじめ恩師を毎年招待して昔話や近況報告に花を咲かせたのだった。思い出として謝恩会の席で、英語の吉川隆次先生が「蛍の光」を英語で歌ってくださったが、板倉校長は「鉾を納めて」を朗々と歌ってくださった。卒業生のみんなはそんな歌があったのかという顔で聴いていた。後年、故藤原義江氏が得意とした有名な歌曲だったことを知ったのだった。

板倉校長の思い出を中心に、私の在学した中学時代の思い出の一端を綴ったが、かつて観心寺畔に川上村立中学校（後年河内長野市立川上中学校）が存在したことすら知っている人は少なくなった。現在観心寺幼稚園と川上公民館の存在する場所である。二十四年間の短い校歴だったが、山村の小規模校ながら卒業生は主に富田林高校に進み、後年各界に有為な人材を多数輩出した輝かしい実績を誇っている。正式な川上中学校時代の思い出や校歴すら残っていないことを残念に思うのである。人々の記憶が消えない間に何らかの記録を残そうと、私なりに先年「川上中学校回想私記」を書きとどめたのだった。

過疎の悩みと農耕の楽しみ

平成二十三年四月十二日の「読売俳壇」に、私の心にひびく次の二句が入選していた。

限界集落の兄よ今なほ耕せり　（宇都宮市　近　昌夫）
つくづくと伝来の田を耕せる　（福知山市　植村太加成）

私が生まれ育った集落は、大阪府下でも県境と接する典型的な過疎地で、現在では限界集落を超えている。私が子供の頃は隣組が八軒だったが、戦前から昭和二十年代は各家庭に子供が三〜五人というのが普通で、小学校の各学年に生徒がいるぐらいだった。殊に私が入学した昭和二十年は、疎開の子を含め同学年が四人もいた。

しかし、現在は四軒に減り、子供が激減して二人だけである。中高年の住人が七名という少人数では、自治会活動など集落の維持すら困難となりつつある。かつてはほとんどの家庭が農林業を生業としてきたが、戦後も時代がくだるにつれ、産業構造の変化と核家族化が進む中で兼業農家がふえ、さらには家族の老齢化とともに、米作りを断念する農家がふえてきた。かくいう我が家でも米作を放棄して四十余年になる。このような状況を反映して、家の周辺には休耕田ばかりが目立つようになってきた。

休耕田は人手が加わらないので年々笹はじめ雑草が生い茂り、次第に荒蕪地《こうぶち》のような姿をさらすようになる。米作りをしなくなってからの変化はつばめが飛来しなくなったことである。巣を作る泥の採取場所がなくなったからである。私が子供の頃には、ほとんどの家の軒先や土間の天井につばめが巣を作っていた。だから、つばめが出入りできるように、家人は玄関の戸扉を開けたまま外出したものである。ところが、田植えの方法が機械式になって苗代がなくなり、やがては植田がなくなってしまったのである。

植田が少ないので、小鳥やつばめが好む虫類の生息も少なくなった。水を張った田圃には、どじょう、いもり、やご、おたまじゃくし、あめんぼう、田にしなどが棲息し、目を楽しませてくれた。しかし、このような風景も見られなくなり、何よりも春から初夏の季節、田水をかすめるように飛ぶつばめの姿を見ることがなくなったのが淋しい。初夏の風景が少し貧弱になったような感じすら受ける。

ただ、つばめは人なつっこくて警戒心が少ないので街中でも営巣する。どこからか泥をくわえてきて、商店の軒先や門燈の傘にさえ巣を作る。店の出入口にボール箱などでつばめの糞の受け皿にしているのに出くわす。親鳥がせっせと虫をくわえて巣に帰ってくる。ひな鳥は我先にと大きな口を開けて餌を催促する。しかし、親鳥にはちゃんと順番がわかっているらしい。

門燈の傘に重たげ燕の巣
アーケードくぐる巣燕駄菓子店

このような生家の周辺の状況を見るにつけ、過疎地の集落を維持していくことのむずかしさを痛感する。私自身、老母が生家を守っていてくれたが、介護施設で世話になるようになってからは、生家と居住地の双方の集落を掛け持ちしながら、自治会の運営にかかわっている。しかし、加齢とともにいつまで続けられるか自信がない。息子たちの時代になると、仕事の忙しさに加え、地域への馴染みの薄さから愛着も乏しく、果たして空家の生家をいつまで維持していけるか甚だ心もとない感じである。

過疎化対策と中山間地の集落の維持をどうするかは全国的に大きな社会問題となっている。この問題が常に私の脳裡から離れないがゆえに、新聞俳壇で冒頭にあげたような句を見つけると、詠まれた人の心情がよく理解でき、句の情景が頭に浮かんでくるだけに妙に心にひびくのである。

前の句は、郷里の過疎化が進む集落で必死に農に励み、集落を維持しようと努めている兄に対し感謝と尊敬の気持ちがにじみ出ている。後者は、恐らく過疎化が進み後継者不足の地域で、先祖伝来の土地を守るべく、農にいそしんでいる自分に対し、時勢に対する感慨と自らをほめる気持ちとが見てとれる。

今年も田植えの季節になったが、近所でこれまで農を続けてきた一軒が老齢化のため稲の植え付けをしなくなった。これでますます休耕田がふえるのは致し方ない。

田代掻く牛見ることも今はなく

拙著『河内つれづれ』に載せた句である。田植えの方法も随分と変わってしまった。今では、手甲脚絆の早乙女も田植歌も過去のもの。農村の風景も変わりつつある。しかし、日本人は農耕の民であり、幾千年の昔から農に生きてきた。農業が衰退し農村の存在が消えるようではは日本の将来はどうなるのだろうかと考えさせられるのである。

（平成二十四年五月）

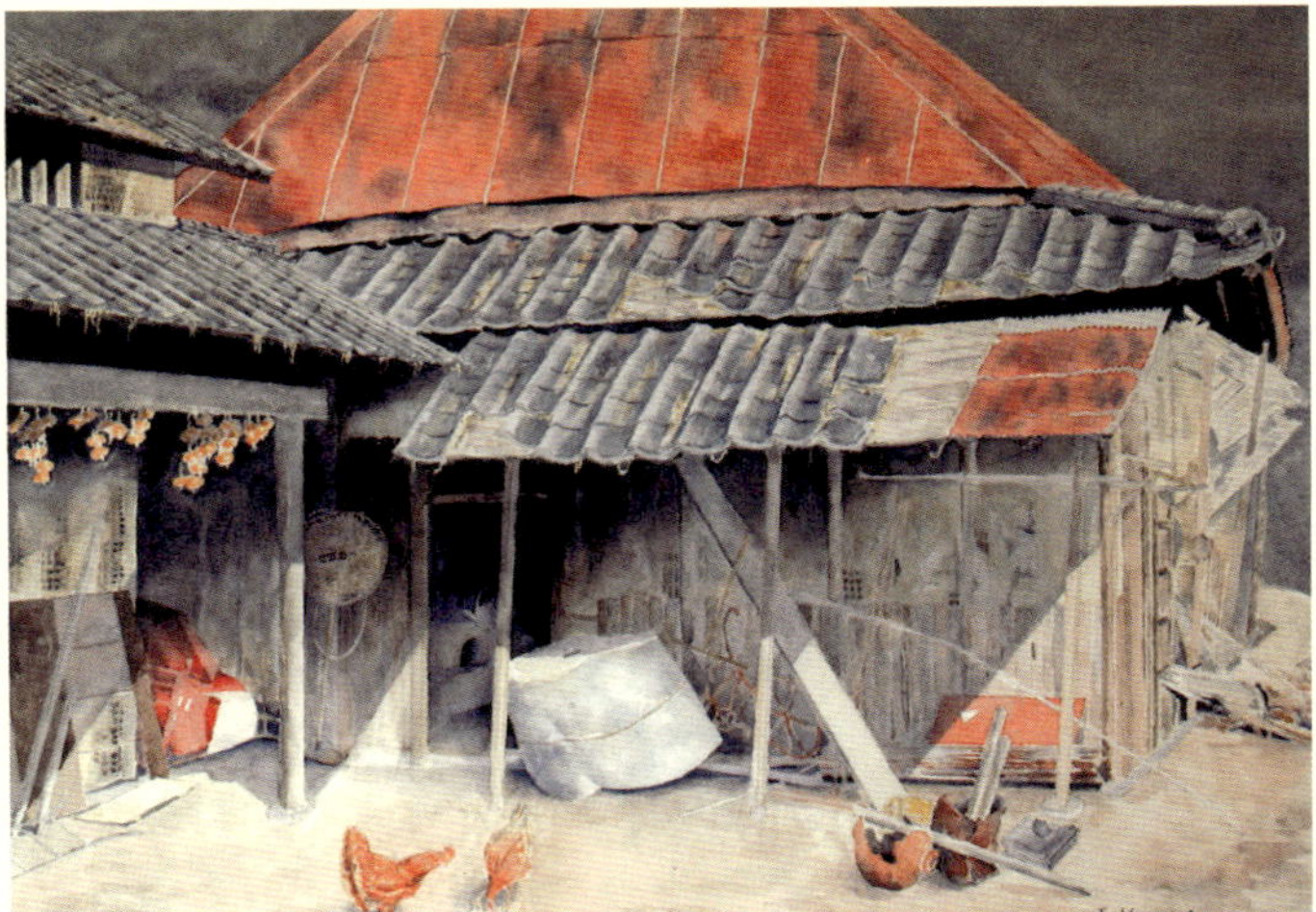

季語への思い

毎日俳壇（平成二十四年七月九日）に「麦の秋」の句が三句入選していた。

鷹羽狩行選

少年の日の頃のこと麦の秋　（あきるの市　戸田幸雄）

小川軽舟選

腕時計机に蔵ふ麦の秋　（入間市　大矢　勲）

大峯あきら選

麦秋や一兵たりし父のこと　（熊本市　加藤いろは）

戸田氏の句は、東京都下の田舎ゆえ、恐らく自らの体験として、麦秋の頃の自然豊かな農村の風情を懐かしんでおられる様子が想像できる。

加藤氏の句は、存命でない父のことを思い出しているのだろうと想像する。麦の採り入れの季節になると、下級兵士として出征した父のことを懐かしむとともに、平和な時代なればこそ反戦の気持ちがにじみ出ているようにも感じるのである。

歳時記（角川篇）によれば、麦の秋とは、麦の熟する初夏の頃をいい、五～六月にあたる。「百日の蒔き期に三日の刈の旬」というように、麦刈りの時期は梅雨を控えて短く、農家の人たちは忙しく立ち働かなければならない、と説明されている。

近年、農家でも麦を栽培するところは少なくなったので、麦の刈り入れ時期というものが実感しにくくなった。私のように農家出身で、子供の頃には麦の採り入れを手伝った経験のある者には「麦の秋」と聞けば懐かしく思い出されるのである。あの頃は、終戦直後の食糧難の時代だったので、大抵の農家ではお米の足しにするため大麦を栽培した。収穫した麦の粒は固い殻をかぶっているので、製麦所へ運び込んで皮をはいでから薄平らにひしゃいでもらったものである。またメリケン粉を作るために小麦も栽培した。収穫した小麦を石臼を回して粉に引いたものである。

とにかく、お米の収穫の季節（秋）に対し、麦の刈り取りの季節を「麦の秋」と詠んだ、日本人の季節感と表現力（造語力）に今更のごとく感動させられるのである。

私は大阪市教育委員会ＯＢの俳句同好会（間寓句会）の一員に加えてもらって未熟ながら作句に励んでいる。しかし、合評会においてもあまり票が入らないし、選句理由や評釈にも的確な説明ができない。いまだに作句の基本が理解できていないのではと、残念ながら勉強不足を痛感している。

俳句は十七文字という世界で最も短い詩型である。十七文字の中に「季語」を詠み込まなければならないので、その分表現に制約が生じ、思想表現の手段としては短歌や詩に劣るとの批判もある。だから人間の思考が複雑多様化した現代社会においては、俳句は複雑な思想や感情を自在に表現できないきらいがある。従って、俳句は生活の断面とかある瞬間の感情や思いを直截に表現するのに適した詩型のようにも感じる。しかし、そのことが決して軽くて底の浅いものであることを意味しない。そうでないと古来芭蕉を頂点に幾多の先人が人生をかけて挑んできた理由、つまり俳句（諧）の魅力を解き明かすことができない。

短詩型ではあるが、俳句の対象は実に広い。季節の移ろい、四季の花々や草木、果物、動物の生態、天文や気象、風習や祭事、家族肉親の人生模様など、日常生活の中で生じるさまざまな事象すべてが作句の対象となり、繰り返し詠まれてきた。

近年、俳句をたしなむ人の数は多く、俳句甲子園のように若い世代にも魅力があり、和歌の五百万人に対し一千万人ともいわれている。終戦直後、桑原武夫氏による〝第二芸術論〟が話題になったのが嘘のようにも感じられる。俳句（諧）の歴史は古く、四百年近くにわたって幾多の人々が繰り返しわずか十七文字の世界に挑戦してきた。こんなに多くの人が挑戦すれば、表現の限界に至るのではないかと思ってみたり、また同じような感動に基づく類句・類想が生まれるのも止むを得ないのではと思われる。

季節が繰り返し、人々の生活態様が似ていて、感動が同じであれば、そこに生まれてくる俳句に類似性があっても致し方ない。わずか十七文字の中で、苦心して詠んだ句が先人と同じだということは当然起こり得る。つまり、類句類想が生じても致し方ないのではないか。それが他人を真似た句や盗作による俳句でない限り許されるのではないかとも思う。

昨今、俳句の隆盛を反映して俳句の会派も多く、俳誌や新聞各紙の俳壇への応募数もおびただしく、句集も次々と発刊されている。これらの俳誌や新聞俳壇を見ていると、会派の傾向や主宰の考え方、選者の個性によって選ばれる句は実にバラエティに富んでいる。それぞれの選句眼に個性や特色が感じられて興味深い。ただ、先句があったり、類句類想については排除される傾向が強い。生活態様の変化とともに新しい季語も生み出される。江戸時代以来四百年近い俳句（諧）の歴史の中で、陳腐化やマンネリを回避するため、かつ俳句の新しい表現の可能性を探るためにも、工夫された新しい表現や新奇な句が尊重されるのは当然のことである。ただ、選句において、表現の新しさだけが優先され、句の味わいや言葉の背後に隠された深い意味が感じにくい句もあるように感じるときがある。

季語の多くは、四季の変化の中で長く農耕生活を主体としたものが圧倒的に多い。それは、江戸時代以降、長期にわたって日本人の生活が農耕中心だったからでもある。しかし、農耕を中心とした生活態様も変化するし、時代の流れと社会の進展に伴い庶民の生活態様も変化する。とりわけ、昭和の後半から平成の時代になると文化的で消費中心の便利で豊かな生活に変質してきている。農耕生活そのものも、例えば田植えの方法も手甲脚絆の早乙女姿も見られないし、牛や馬も見ない。草刈機、田植機やトラクターを用いた機械化されたものに変質し、それに伴って多くの季語が死語化してしまった。同時に野菜や果物、花卉《かき》類も栽培方法の工夫により季節感が乏しくなってしまった。

このような背景の下に、俳句の表現の新しい可能性や展開のため、新奇な句が評価され、新しい季語も生み出されつつある。ただ、新句の中には目新しさは感じられても、言葉の味わいや深味に欠けるきらいがありはしないか。中にはこのような表現をすれば選者に採ってもらえるのではと投句者が考えているむきも感じとれるときがある。その点、農耕を主体にした伝統的な言葉（季語）には、その背景に長い年月人々の営みの歴史が隠されている。このような句は観賞する人にずしりと深い味わいを感じさせてくれる。共感を覚えさせてくれる。だから、私は先句があるからと、類句類想を一方的に排除しようとする態度には素直には賛成できないのである。

私の記憶では、故森澄雄氏だけは、新聞俳壇の多くの選者の中で、歌枕を詠み込んだ句や類句類想でも味わい深くて心を打つ表現には、恐らく先句があったとしても選んでおられた。氏は、万葉集以来の歌集や連歌、芭蕉など先人の俳諧に精通しておられ、伝統的な日本語の背景や意味を理解し、日本の自然や風土、日本人の心と生活に深い理解と共感を示しておられたように感じたのである。

私は河内長野の山村に育ち、子供の頃から農耕生活に親しんできた。自然豊かな環境の中で、米作は四十数年前から放棄したが、今なお野菜作りに従事し、野良仕事や山仕事に馴染んでいる。それゆえに、どうしても農耕中心の句を詠むことが多い。しかし、現代人の生活が文化的で消費中心の豊かな都会生活が一般的になると、野菜や果物がどのように栽培され収穫されるのか知らない人が圧倒的に多いし、野菜や果物が旬を外しても店頭に並ぶようになってくると、かつての農耕生活中心の「季語」の多くは死語化してしまった。従って、句会においても新聞俳壇の投句欄においても、とりわけ若い選者にはアッピールしないし、理解してもらえない傾向にある。俳句の表現方法の可能性と新しい展開のためにはそうあるべきだとは思うが、私の作句能力からして新しい表現や新句の工夫がなかなかできないのである。ただ一概に、先句がある、類句類想の故をもって排除されることには少し疑問を感じるのである。これは私の愚痴であるかも知れないが、伝統的な日本人の心と自然や風土を忘れたくないからでもある。

春耕や鍬の楔を締め直し
水当番まんじりともせず秋出水
溝渫へまた一人欠け結ひ仲間

農のひとこま——沢庵作りと地下足袋

(1) 大根を漬ける（沢庵作り）

「毎日俳壇」に〝大根干し〟と〝大根漬け〟の句が入選していた。大峯あきら氏の選である。

真白な大根干して一日目　（東大阪市　北埜裕己）
ひとり言多きこの頃大根漬ける　（野洲市　宮田絵衣子）

大根を干して漬物に漬ける。できあがった漬物は沢庵として美味で、保存食としても重宝がられる。沢庵の名は、禅僧の沢庵が発明したことからとも、「たくわえ漬け」

の訛《なま》ったものからともいわれている。近年漬け方の工夫により、さまざまな野菜が漬けられるようになり店頭をにぎわすが、長らく漬物といえば沢庵が主流だった。とりわけ、寺院や農家では沢庵と梅干しこそは副食の代表格で、長期の保存が可能なので、一年分をまかなえるように大量に漬けられたものである。

農家だったわが家でも、私が子供の頃は大きな樽（四斗樽）に二本は漬けたものである。樽の底から順に大根を並べ、適量の食塩と米糠を加えて積み上げていく。最後に大きな重い漬け物石をのせる。塩分による滲透作用で大根の水分が絞り出され、積み上げた大根の嵩が次第に低くなっていく。一度水を捨ててから本漬けする方法と、最初に天陽に干して水分を蒸発させてから本漬けする方法とがあるが、いずれにしても四、五十日経過すれば沢庵ができあがる。このようにしてできあがった沢庵の味は、味噌と同様に家庭ごとに微妙に異なっている。そして味噌こそは、仕込む家庭ごとに味が異なっていて、それぞれ自家の味噌の味を自慢気に披露したものである。これが〝手前味噌〟の語源でもある。

私は過去十年ばかり沢庵作りに挑戦している。お盆が過ぎると地ごしらえをし、秋蒔き大根として彼岸頃に種を蒔く。芽が出ると、除草をし肥料を施して大根を育て、晩秋から初冬に大根を抜く。田圃の傍らを鬼住川が流れているので、川の水で泥を洗い落とす。清流だが冬の水は手を切るほど冷たい。洗った大根は軒下に並べて干す。大量の場合は、葉の部分を結わえて稲架《はさ》にかけて干すこともある。水分が蒸発して大根の表面がしわしわに萎《しな》びてくると漬物樽に漬けるのである。この乾燥の度合いと食塩と米糠の配合の割合がむずかしく、漬け方のちょっとした違いによって、できあがった沢庵の味が微妙に異なってくる。だから、高浜虚子に「沢庵や家の掟の塩加減」という句もある。

菩提寺の延命寺でも、八十代になる老僧がお寺の畑で大根を育て、沢庵に漬けておられる。漬け物石をさげたりするのは若い者に委ねられるが、健康保持のためにも作業が楽しみだという。聞けば、老僧が弟子入りされた戦前は、延命寺にも多くの修行僧がいて、先代住職の覚城和尚から、大根を育てて沢庵に漬けることを仕込まれたという。若い頃の修業の一環としての訓練が今に至るも老僧に沁みついていて、健康保持と楽しみの一つとして大根を育て沢庵作りに挑戦しておられるという。

ところで、冒頭の俳句には、大根を育て沢庵作りに従事する楽しみが読み取れる。二句目は、沢庵作りを楽しみながら従事している老年の日常が頭に浮んでくる。年をとると、つい独り言をしゃべる癖が出てくる。作者が女性であることから、姑から嫁へと受け継がれてきたその家独自の漬け方、まるで家伝のような方法を大事にしながら、従事している様子を想像するのである。

（平成二十四年十二月）

⑵ 地下足袋

読売新聞の夕刊に、〝俳優と古代史研究家〟として苅谷俊介さんの紹介記事が載っていた。氏は個性的なバイ・プレイヤーとして活躍されているが、もう一つ古墳など遺跡発掘のプロとしての顔をもっている。記事の中で、いつでも古墳の発掘に従事できるようにと、マイカーの中に地下足袋、軍手、長靴などを積んでいるという。そして家庭ではほとんど地下足袋姿だと話していた。「……家ではいつも地下足袋姿。動きやすく、土に生きているのが実感できる」と結んでおられる。土に生きていることを実感するというのが素晴らしい。これはまさしく農民の実感でもあると思う。しっかと大地を踏んでいるという感じがする。

そういえば、私も実家で野良や山仕事に従事するときは地下足袋に麦藁帽姿である。子供の頃から地下足袋姿の父を見てきたが、自分が履くまでは若干抵抗感があった。どこか野暮ったい感じがして、若い頃から長年野良仕事を手伝うときは運動靴（ズック靴）を履いていた。このほうが少しは足許が軽やかでスマートな感じに見えたからである。しかし、中年になってあるときから地下足袋を履くようになり、いったん履いてみると運動靴より足さばきが楽で、地面の感触が伝わってきて履き心地が良いことを実感し、お百姓さんが地下足袋を愛用している理由が理解できた。

ただ、近年は田舎では蝮《まむし》に襲われる危険が増し、地下足袋の代わりに長靴を履いたり、山仕事用の専用靴を着用することが多くなった。これで蝮にかまれる危険性は防げるが、その分足許が重くて足さばきが悪く感じる。一方が良ければ他方が悪いということで、両方良いことがないのは致し方ないところである。

やはり、地下足袋はお百姓には似合いの服装である。私なども地下足袋を履いて田圃に出て、鍬を振い、鎌を使っているときは如何にもお百姓らしく仕事していると実感する。初夏の頃田圃から家に帰り、土間に腰を降ろし、ゆっくりとこはぜを外して地下足袋を脱ぐときに、仕事をしてきたという気持ちとともにほっとするのである。

野良終えて靴脱ぐ土間の薄暑かな

竹本住大夫の芸術家魂

人間国宝の浄瑠璃の語り、竹本住大夫師が満八十八歳にて引退を発表された。病気（脳梗塞）を克服されたが、以前のように自分の思い描くように語れないから、というのが理由である。

目下大阪では、国立文楽劇場での最後の公演が打たれている。次いで東京での公演がまさに最後の舞台となる。大阪では、引退を惜しんで、切符はすぐに完売。連日当日券を求めて、長い行列ができるという盛況のようである。元大阪市長の関　淳一氏も公演を観てきたと話しておられた。

今夕（四月十八日）、ＮＨＫテレビで住大夫の特集が放映され、その芸術家魂に触れ深い感銘を受けた。軽い脳梗塞を発症され、懸命にリハビリに励まれる様子なども写された。幸いにも致命傷ともいうべき言語障害は軽くて、浄瑠璃の語りにはあまり影響がなかったようだが、肺活量の低下、脚部や手指などの障害も発症し、機能回復のためにに痛々しいまでに熱心にリハビリに励んでおられる姿にはただただ感動のほかなかった。それも御本人の言をかりれば、このまま引退はしたくない、もう一度舞台に立ちたいという執念からだった。

住大夫師は話しておられた。浄瑠璃は人の情だという。あの語りの中に、この情を表現するむずかしさを話しておられた。だからこそ日々の練習が大切で、自分は死んででからでも練習に通うだろうとまで話しておられた。これこそ芸術に殉じる人の至言だと頭の下がる思いとともに感動させられた。

浄瑠璃に寄せる熱い思いとともに、自ら厳しく毎日習練に励まれる姿を拝見したとき、その尊さに目頭が熱くなった。大阪に生まれ、大阪の風俗と浄瑠璃の基になっている大阪弁の中で生活しながら、先輩から教えられた芸を後輩に継承していくことが自らの使命だと肝に銘じておられるようで、弟子たちへの指導の厳しさにもびっくりした。このような偉大な芸術家が舞台から去っていかれるというのは淋しい限り。テレビ番組を通して、浄瑠璃に対する熱き思いと日々厳しい練習に打ち込んでおられる姿に接し、ただただ住大夫師の情熱と偉大さに敬服した。

今から二百八十年前に、近松門左衛門という天才によって創造された文楽という芸術は大阪の街の財産である。住大夫師は、文楽の歴史とその芸術性にぞっこん惚れられ、文楽にかかわって生きる幸せを語っておられた。だからこそ、大阪の街が、大阪人が文楽の伝統を継承することに人一倍の情熱と意欲をもっておられ、先輩から継承した芸を弟子たちに継承するためにも一所懸命だった。

文楽は、歌舞伎と並ぶ大阪が生んだ貴重な芸術である。その故をもって世界文化遺産にも登録されたのである。だから歌舞伎とともに保存継承していかなければならない人類の文化・芸術の一つであり、大阪の街が保存継承していく使命を帯びている。

天下の富が集中していた江戸時代の大阪の街は町衆が大きな力をもっていて、文化や芸術を支えてきたし、私塾の創設など一流の町人学者を多数輩出した。明治維新以降も、東洋のマンチェスターといわれるぐらい産業が栄え、第二次大戦末期までは、歌舞伎や文楽は主に企業や個人の篤志家の力によって支えられてきた。しかし、戦後になって、時代の流れと社会情勢の変化の中で、歌舞伎や文楽を企業や個人の力では支えられなくなってきた。そうなれば、芸術や文化は国家や地方自治体の公《おおやけ》の力で維持継承していかなければならない。

文楽は大阪が生んだ芸術なので、大阪の街が支えなければ他に代わるところがない。戦争を境に社会経済情勢が大きく変化する中で、文楽は不遇の時代を強いられてきた。そのような状況下、大阪市は行政の使命感からバックアップし、文部省に働きかけて、土地（高津小学校跡）を提供して国立文学劇場が建設され、専属的に公演できる場が提供され、大阪市が運営費の一部を補助して支えてきたのだった。ここに至るまでの間には、大商会頭でもあった佐伯勇氏と近鉄グループの支援の時代もあった。

このような背景がある中で、橋下徹市長時代に、財政事情の悪化と演じられる演目が古臭くて若い世代に魅力が乏しいとの理由から補助金を年間入場者が何万人を割ったら幾らに削減すると難くせをつけ、わずか年間五千万円の補助金のカットを申しつけたのだった。

私は橋下市長の芸術・文化への無理解、無策振りに一府民として納得がいかないので、その不満を購読している新聞の投書欄に投稿し、採用されたのでここに再掲することとしたい。

残念な竹本住大夫氏の引退

人形浄瑠璃文楽の人間国宝、竹本住大夫氏が八十九歳で引退された。「本当に幸せです。たまには住大夫がいてたな、ということを思い出してください」との言葉に万感の思いが感じられ、私はこみあげるものを抑えられなかった。

二年前、脳梗塞に倒れたが、懸命のリハビリの末、再び舞台に立たれ、五月の東京公演で至芸を披露したのを最後に退かれた。そこに至る強靭な精神力にはただただ驚嘆するのみだ。

橋下徹・大阪市長が大阪の生んだ世界無形文化遺産である文楽への無理解から補助金削減を打ち出し、住大夫氏は対応に当たる中で倒れた。この問題の心労が発病の一因となり、また引退を早めたに違いないと考えると、残念でならない。せめて市民を代表して大阪出身の偉大な芸術家への慰労の言葉が市長からあってしかるべきだろう。

自らの主義主張を押し通すための出直し市長選には何億円もの公金を使わせながら、伝統文化には出し惜しむという姿勢。理解に苦しむばかりだ。

（平成二十六年六月七日、毎日新聞「みんなの広場」）

聖火最終ランナー坂井義則氏を悼む

二〇二〇年に二度目の東京オリンピック開催が決定した。祖国の名誉と民族の栄光を掲げて力の限り闘う代表選手の競技態度は観る人すべてに感動を与え、観客は自国の選手がメダルを獲得することを期待する。

国民の中で、一九六四年の東京オリンピックを経験した人の割合は次第に低くなっていく。だからこそ来るべき二〇二〇年のオリンピックに期待する気持ちは強く、いやが上にも熱気は盛り上がる。

一九六四年のオリンピック開催当時は、日本は経済の高度成長に向け突っ走っており、その象徴ともいえるのが東海道新幹線の建設であり、十月一日に開通し、十日にはオリンピックが開幕したのだった。あの当時、日本国中が異様な熱気の中にあり、私個人は大阪市に再就職した年でとりわけ印象深く、早々と新幹線のひかり号に乗ったことを思い出す。

それにしても六四年の東京オリンピックが話題になるとき、テレビに映るのは赤いブレザーに身を包んだ日本選手団の入場行進風景と、坂井義則選手がさっそうと聖火を掲げて国立競技場の階段を駆けのぼり、高々とトーチをかかげて聖火台に点火する姿である。

あの当時、聖火の最終ランナーを誰にするか多くの名前が候補になったらしい。しかし、オリンピック組織委員会はオリンピックが平和の祭典であることにかんがみ、最終的に被爆地の広島県出身で二十歳の青年（陸上中距離選手）を選んだのだった。私はそのことに感動し、朝日新聞の「声」欄にその意義と思いを綴って投稿し、採用されたのだった。

あれ以来、坂井義則氏のことが常に私の心のどこかにあった。選ばれたことでその後の人生にプレッシャーにもなったであろうとも思った。坂井氏は選手としては、六六年アジア大会（バンコク）の陸上四百メートルで二位、千六百メートルリレーで優勝されている。大学卒業後テレビ局に就職、スポーツ報道に携わってこられたが、その後の人生では「平和の祭典」とは何かを考え続ける時間でもあったという。というのも、オリンピックのミュンヘン大会、アトランタ大会では、スポーツの祭典をおびやかす事件が発生したからだった。

二〇二〇年に再びオリンピック開催が決まったとき、坂井氏は某新聞社の取材に「孫をつれて、新しい競技場のスタンドの片隅で開会式を見守っていますよ」と話しておられたという。しかし、その夢を果たすことなく、二〇一五年病魔におかされ惜しくも亡くなられたことが報じられた。ぜひ二〇二〇年のオリンピックを観ていただきたかったと残念でならない。その辺りの思いを綴り、再度朝日新聞の「声」欄に投稿し採用されたのだった。坂井義則氏の御冥福をお祈りしつつ、ここに昭和三十九年投稿の拙稿を再掲することとしたい。

（平成二十七年）

聖火最終ランナーの意義

オリンピック聖火の最終ランナーは全国民注目の的だったが、このほど早大生坂井義則君が候補に選ばれ、ほとんど決定的だという。世界中から集まった若人の前で平和のシンボルの火をともす栄誉をつかんだ坂井君に、まずおめでとうを申しあげたい。決定までにはいろいろの案が出されたようだが、坂井君のような若々しい〝終戦っ子〟

が選ばれたことは、炎暑の中を吹きぬける一陣の風のようにさわやかで、組織委員会の大ヒットといえよう。

坂井君は学業も優秀な立派なスポーツマンであり、まことに〝平和の祭典〟の幕あけを飾るにふさわしい〝出演者〟である。が、私は坂井君が広島にほど近い三次市に生まれ育った、いわば〝原爆っ子〟であることに、より大きな意義を感じる。

オリンピックは世界の若人の祭典であり、人類の平和への祈りの場でもある。世界中の若人が皮膚の色、言語、風俗などの差異を忘れて力と技を競う純粋なスポーツの場に、昨今は政治が介入し種々のトラブルが生じ、いま一度近代オリンピック発祥当時の精神に帰れとまで批判されてきた。

このように、ややもすればオリンピックの純真な精神が濁りがちなときに、日本が聖火最終ランナーに〝原爆っ子〟を選んだことは、オリンピックの精神を清く高く世界に宣言したともみられ、日本国民の平和への意思を強く表明したものといえよう。私は国立競技場に聖火をかざした坂井選手の勇姿がさっそうと現れる日を、いまから心待ちしている。

（昭和三十九年八月十八日、朝日新聞「声」）

高野山「恵光院」の襖絵を観て

友人のＫ氏の縁戚にあたる女流画家の襖絵完成記念展示会に、職場の同期生四人で高野山へ出かけた。画家は定家亜由子氏（京都市立芸大大学院卒）。一九八二年生まれの若さながら、気鋭の才能豊かな女流画家だった。「高野山開創一二〇〇年恵光院襖絵奉納記念」と銘打って、七枚の襖絵が開帳されていた。

恵光院は高野山の主要な塔頭の一つで空海弘法大師の霊を廻向するため「廻向院」として創建され、千年を超える古刹である。ところが、江戸時代に幕府が徳川家を廻向するための廻向院が建立されたので、それを慮《おもんぱか》って「恵光院」に改称したのだということ。恵光院は奥の院参道入り口の一の橋に近く、大阪市とも関係の深い「熊谷寺」のすぐ隣にあった。熊谷寺は源平の一の谷の合戦で、平敦盛と対戦したことで悲運の武将となった熊谷蓮生直実にゆかりのお寺で、五十年前私たちが大阪市に入庁した当時新人研修の合宿所だった。

恵光院の山門をくぐると、玄関正面の部屋に奉納された襖絵が飾られていた。その前で、私たちはK氏から定家さんに紹介を受けた。定家さんについては、事前にK氏から届けられたリーフレットの写真を見て、和服姿の襟足の美しい女性だと私たちの間で話題になっていた。お会いすると、日本画家なので和服のよく似合う、白色の着物を着こなした清々しい感じの女性だった。眼元に凛とした厳しさの感じられる知性豊かな女性とお見受けした。

伝統的な襖絵は、松柏や鶴などを描いた水墨画とか、雪月花などの四季の風物を描いたものが多いが、今回の絵画は一面に薊《あざみ》の花が咲き乱れ、大きな動物は山鳥だけで、蝶や蜻蛉の小動物が中心的に描かれていた。真新しい襖には、薊の美しく咲いた花と棘のある葉が描かれ、花を愛でるかに蝶が舞い、花に羽を休め、蜻蛉が飛んでいた。更に薊の花弁が綿状に空中に舞っている様までが刻明に描かれていた。三十代前半の若い女流画家が描く、如何にも現代風の新しい時代を指向する襖絵だと感じさせた。

後刻住職との対話の中で、定家さんは画材を決定するまでに随分と考案されたようで、何度か恵光院を訪れ、住職とも話し合い、お寺に小さい子供が集うことも考え、こ

恵光院襖絵開帳・説明する定家亜由子氏

れからの時代に多くの人々に親しまれ、人口に膾炙《かいしゃ》するようにと、薊の花と小動物を思い付かれたという。薊の花にはその棘でもって自らを守るという意味もあると思う。

定家さんの描く画面には、蝶や蜻蛉などの小動物が数多く登場する。花にまつわる小動物に薊などの草花がどのように映るのかと想像しながら花の姿を描いているという。描く花や小動物に作者自らを投影されているのだろうと想像する。定家亜由子さんはリーフレットの中で次のように述べている。

「いのち豊かな土地に育ち、山に入って草木や小さな生き物と遊びました。自然、特に花や草木のいのちの強さやエネルギーに触れたとき、美しさと喜びを感じます。それらを抱きしめ描くとき、私は世界と寄り添える気がします。そのとき、与えられた言葉を、日本画材料の言葉と自分の内側の言葉に耳を澄ませて描くこと」と。

今般、恵光院の襖絵の作者に定家さんが選ばれた理由には、住職の深い理解と支持があったことが窺われる。住職が展示会で定家さんの絵を見て感じ、魅かれたことを述懐しておられた。彼女の描く草花には的確な写実の眼が感じられるという。草花には欠けた葉や虫が食った葉も描かれているという。その観察眼に魅かれたと述べておられた。そのことについては、定家さんによれば、欠けた葉や虫が食った葉は全うな葉を補足するというだけではなく、全うな葉と欠けた葉とが一体となって草花全体を構成しているのだという。

また、住職が買い求めた絵は、日展入賞作だったが、たくさんの枯木の小枝を集めて作られた鳥の巣が描かれていて、その巣には幼鳥が育って飛び去った後に羽が二枚残っている情景が描かれていた。幼鳥が口を開いて親鳥から餌を待つ情景ならば写真や絵でよく見かけるが、巣立った後の光景を絵にする作者の着眼点に魅かれたという。

定家さんは、リーフレットに続けて「肌でモチーフや画面と対話する日本画の技法とは、幼い頃に日本の山や自然や水と遊んだ私の体質に合ったものです」と述べている。まさに草花や小動物の世界のモチーフこそ、彼女が育った環境の原体験が反映されているのではないかと思った。

恵光院住職は、他の襖絵も定家さんに描いていただきたい思いも披瀝しておられたが、今後更に精進され年齢を重ねられた暁に、定家さんにそのチャンスが巡ってくれば、そのときには成長された新しい定家さんの絵画の展開があるだろうと期待されるのである。今回は楽しく有意義な高野山散策の旅であった。

（平成二十七年十月三十一日）

奈良西の京・佐紀地区を散策

昭和三十九年、大阪市に就職した「三九会」の有志六名が、春の一日奈良佐紀地区を散策した。今回の案内役は奈良在住のK君が担当した。企画から実行までに二度降雨のため延期し、三度目の正直ということになったが、暑いくらいの初夏の好天に恵まれ、和やかに楽しい一日を満喫することができた。

集合は西大寺駅午前十時三十分。ウォーキングのコースは、近鉄がPRしている沿線のハイキング・コースによった。題して歴史の道「ウワナベ古墳・秋篠寺コース」。このコースは私にとっては数年前に高校のクラス会「亀の子会」のウォーキングで辿ったコースだった。奈良はいずれの地を訪れても歴史に彩られているが、とりわけ西の京・佐紀地区は古墳・名刹・神社などが集中していて、史跡と文化財の宝庫といえる。

駅前を出発し、すぐ近くの西大寺に参拝した。西大寺は南都七大寺の一つ。その名の通り東大寺と並び称され、その昔奈良の都をはさんで東西の大寺だった。称徳（考謙）天皇の天平神護期に草創され、爾来何度か火災と兵火による罹災をこうむってきたが、一番の悲劇は松永久秀（弾正）の所業であると私は思う。下剋上の戦国時代、天下を望んで戦乱を起こし、戦略上西大寺に自ら火を放ったのである。自分が天下を取ったら再び立派な仏閣を再建するからと寺院側を渋々納得させ、自ら敗死したがため、結果として往時の盛大な姿が消失したのである。その後江戸時代になって現状に復旧したのだった。薬師金堂の前方には東西に壮大な五重の塔があったが、今は礎石と基壇だけが残っていた。

私が初めて西大寺に参拝したのは大学時代だった。その頃から寺社巡りは好きだった。お正月は神社への初詣が一般的だが、その頃は私自身初詣にはあまり興味がなく、元旦だったか二日目だったか一人で西の京のお寺巡りに出かけたのだった。西大寺に参拝し僧職から西大寺の由縁と松永弾正の暴挙について聞かされたのだった。その後何十年振りに参拝して以来、都合数回参拝しているが何故か印象が薄いのである。西大寺では四月の大茶盛りが有名で、毎年新聞・テレビで報道される。当寺の復興に尽すいされた叡尊が延応元年（一二三九）の正月修正会《しゅしょうえ》の後に、鎮守の八幡社で献茶を参拝人に振舞われたことに始まるといわれている。大茶盛が行われる堂舎の前には茶会に因んだ句碑が建っていた。

西大寺を出ると秋篠寺をめざした。周囲の木々には若葉が燃えるように茂り、爽やかな初夏の風がときどき頬をなでた。民家や田畑の間を歩いていてもどことなく歴史の香りが漂っていた。鎮守の森や石の標柱など史跡らしいたたずまいが目についた。途中、八幡神社へ参拝した。もとは西大寺の鎮守で、明治維新の神仏分離令によって独立したのだった。近鉄奈良線の踏切を渡り、やがて八所御霊《はっしょごりょう》神社の前へとやってきた。この神社は元来、秋篠寺の鎮守社であり、旧村社だった。ここから秋篠寺はすぐ近くだった。

秋篠寺は、第二皇太子の秋篠宮の命名にゆかりのお寺として近年知られることになった。光仁天皇の勅願により奈良時代末期の宝亀七年（七七六）に、平城宮大極殿西北の地に創建に着手されたが、次代桓武天皇の勅旨に引き継がれ、平安遷都とほぼ同時期に完成したのだった。爾来真言密教の道場として隆盛を極めたが、保延元年（一一三五）一山兵火を罹《こうむ》り、わずかに講堂他数棟を残して大部分を焼失した。現在は広い敷地の大半は植栽で覆われ、その根元にはビロードのような青苔が繁茂していて、美しく静かなたたずまいは幽玄な雰囲気が漂っている。私たちは講堂に参拝した。本尊の薬師如来座像の周囲には十二神将像が立ち並び、脇侍のように愛染明王と帝釈天が立っていた。脇侍のように見えるのは、兵火によりほかの堂塔にあったものが講堂に集められたためらしかった。

当寺は亡妻を伴って参拝した当時のことが懐かしく思い出されたが、遠く高校時代に朝日新聞に連載された石川達三の小説「自分の穴の中で」、主人公が若草山から奈良の街への旅に出た途次、秋篠寺を訪ね、当時の住職との交流の情景が描かれていて、そのことが印象深く記憶に残っている。石川達三にとっても、住職の人柄が印象深かったものと推測された。私が浪人時代の数学の家庭教師だった斎藤先生（後に奈良女子大教授）も当寺を訪れたとき、住職から「まあ、ゆっくりしていきなされ」とお茶の接待を受けたことを話していた。後年、書家の榊莫山氏が、その著『千年の奈良』（岩波新書）の中で、住職のことを詳しく紹介しておられるのを読み、多くの人々に記憶に残るほど、秋篠寺の住職がユニークな人柄で立派な方だったことを改めて知ったのだった。

私たちは秋篠寺をあとに秋篠地区の集落の中の道をたどった。この辺りも、路傍のたたずまいに、由緒あり気な雰囲気が感じられた。やがて神功皇后陵へ向かう坂道の入り口の木陰で昼食をとって休憩した。神功皇后陵へ通じる参道は長かった。神宮功后は仲哀天皇の皇后で、応神天皇の母君であるが、三韓征伐の故事で有名である。

神功皇后陵から八幡神社の前を通り、近鉄京都線の踏切をわたると、やがて成務天皇陵へとやってくる。この近くには日葉酢媛命《ヒハスヒメノミコト》陵、孝謙天皇陵が並んでいて、神功皇后陵を含め、いずれも墳丘の長さが二百メートル超の巨大前方後円墳の御陵である。日葉酢媛命は垂仁天皇の皇后とされる。この一帯の陵墓築造は、四世紀中頃のことと考えられ、初期ヤマト政権の盟主であるヤマトの王の墓と想定される柳本古墳群が奈良盆地の東南部に位置するので、奈良盆地北部へのヤマトの王墓の移動について、その歴史的意味の解明がまだ学会では定着していないらしい（白石太一郎『古墳とヤマト政権』参照）。

この辺りは、大阪市に就職したばかりの昭和四十年頃に、F君の誘いで、某新聞社主催のツアーに参加し、網干義教関西大学助教授（後に橿原考古学研究所長）の引率で、案内と説明を受けながら散策したのが最初の訪問だった。そのとき、網干先生は前方後円墳のことについても説明され、御陵が南向きに築造されているので、方墳のほうが前方で円墳の部分が後方だと考えられているが、必ずしもそうとは言えず、円墳のほうが前方だということだって考え得る、前方後円墳のどの部分から最初に築造されたのか、その辺りのことについても、例えば航空写真を細かく裁断しながら解明のための研究をしている、まだまだ不明な点も多く、考古学には素人の思い付きがヒントになることだってある、など興味深い話をしてくださったことを記憶している。

御陵地帯をあとに再び歩き始めた。御陵の周濠の土手には馬酔木の古木が連なり、小さな白い花が無数に咲いていた。八幡神社、釣殿神社の横を通り佐紀神社へとやってきた。

佐紀神社は、佐紀池と御前池の間の小高い森・小字亀畑に鎮座する。「延喜式神名帳」にも記されており、寛平三年（八九一）には官社に列せられた由緒ある神社である。

今日はあまりの晴天に恵まれ、暑い日差しの中を歩くので、疲労度を考慮して、後半のウワナベ・コナベ古墳へのコースは割愛して、平城宮跡の中を散策した後は西大寺駅へ戻るコースに変更した。

平城京跡には大極殿が再建されていた。先年（一九九八）再建された正門の朱雀門とは南北対面に配置され、南北約一キロ、東西約一・三キロの広大な敷地に目を見張った。大極殿は古代の宮都における中心施設で国家儀式の際に天皇が出御する場所である。平城宮には、造営当初から恭仁《くに》京へ遷都するまでの第一次大極殿と平城宮に遷都してから長岡京へ遷都するまでの第二次大極殿があった。二〇一〇年に復元されたのは第一次大極殿である。この広大な敷地にかつては、大極殿の他朝堂院、内裏、官衙《かんが》などが整然と並び、周囲には官僚の官舎から商館などが建っていたことだろう。「亀の子会」で訪れた時には平城宮跡資料館、遺跡展示館などが見学できたが、今日はあいにく月曜日なので、休館だった。私は大極殿を見るのは初めてだった。時代は飛鳥時代から奈良時代へと移り、律令制度が確立され、聖武天皇の御代に、古代の日本国家は最盛期を迎えたのだった。広大な平城宮跡に立つとき、仏教への帰依が篤かった聖武天皇の治績に思いをはせるとともに、一方で平城宮築造のために全国各地から技能集団も含め何十万人もの人々が徴用されたことを思うとき、平城宮の完成を手放しで喜ぶ気持ちにはなれなかった。聖武天皇の時代に律令制度は確立され、天皇制国家は最高の繁栄を見せたが、その後爛熟期から停滞期へと向かい、やがて京都の長岡から平安京へと都が移される時期を迎えるのである。遠く学生時代に大学の直木孝次郎先生の講義に学んだことを思い浮かべながら、強い日差しの中を広い平城宮跡を横切って西大寺駅のほうへと歩いて行った。

ウォーキングが予定より早く終わったので、西大寺駅前のコーヒー店へ立ち寄り、香ばしいコーヒーをすすりながら、六人で歓談した。一時間ばかり長話をして、再会を約して解散したのだった。

（平成二十七年四月二十七日）

私の映画鑑賞

まぼろしの邪馬台国

〔二〇〇八年　堤 幸彦監督〕

考古学者の宮崎康平氏夫妻の夫婦の絆を描いた映画「まぼろしの邪馬台国」を観た。映画館で上映されたとき話題になったが、上映中に観る機会を失した。残念に思っていたところ、偶然にも地元の市民会館で観る機会を得た。

配役は、康平氏を個性派俳優の竹中直人が演じ、後添いとして尽くす妻の役を吉永小百合が演じている。演技力のある二人がまさに四つに組んだ熱演で、話題の夫婦像を見事に演じ切っている。観終わった後で、並の人間では不可能かも知れないが、世の中にはこんな男女の組み合わせもあるのだと、絆の強さに深い感銘を受けた。

この映画は、実話を基にしたフィクションではあるが、私はこの映画が話題になったとき、遠く五十余年前のことを思い出したのだった。高校生の頃だったが、産経新聞でユニークな生き方をしている有名人の人となりが、特集的にシリーズで紹介され、宮崎康平氏もその一人だった。

早稲田大学で津田左右吉先生の講義を聴いた宮崎康平氏は、卒業後郷里の長崎県で島原鉄道の経営者として奔走するのである。時あたかも労働争議に巻き込まれ、さらに島原地方を襲った未曾有の災害の復旧のため、昼夜を惜しんで働き続け、過労のあまり失明してしまったのだった。乳飲み児を含む二人の幼児を抱え、夫の失明というアクシデントに加え、貧乏に遭遇した奥さんは、絶望から失踪してしまう。

康平氏はこのことに打ちひしがれ、人間不信に陥ってしまい、確かバラかランの花を育てておられ、「人間は心変わりするが、花は人を裏切らない」と述懐しておられた。そんな中でひょんなことから後添いを得て人間らしさを取り戻され、大学で学んだ津田先生の影響もあって、新しく考古学者としての道を歩まれることになる。新聞では、後妻が夫と子供の日常の世話だけでなく、失明した夫の眼となり杖となって、考古学研究のための読み聞かせから口述筆記など、書生兼秘書として夫を支える稀有の女性だと紹介されていた。康平氏自身、自分は妻の存在と支えなくしては一日たりとも生きていけないと感謝の気持ちを述べておられたことを記憶する。

高校生の若かった頃、私はこの記事に感動し切り抜いたのだった。今もスクラップブックは残っている。その頃には文学の道にも憧れていたので、将来小説かシナリオの素材になるかも知れないと考え、切り抜いたのだった。遠い昔のことである。

このような思い出があるだけに、この映画を観て深く感動し、なかなか客観的に観賞することができなかった。個性的で芸達者な竹中の演技も見事だったが、吉永の演技に感動した。彼女ほど青春時代の人気俳優から年齢を加えるにつれ、見事に大人の俳優へと脱皮され、人間的魅力を深めていった女優も数少ない。山田洋次監督の言葉を借りれば、「今や日本の映画界の至宝である。彼女の出演する映画は失敗が許されない」と話されたことが思い出される。近年、母親役が多い。「北の零年」、「まぼろしの邪馬台国」、「母べえ」と大人の女性（母親役）を見事に演じている。役柄ごとに少しずつ変化し進歩しつつあるように感じるのである。俳優や女優といえども、役を通して演じる俳優その人の人間性がにじみ出てくる。「俳優はやっぱり映画で物を言うしかない」というのが高倉健の言葉だったらしいが、彼もまた演じる役柄に俳優の人柄や人間性が滲み出ると考えていたのである。だからこそ、俳優本人が常に自らを磨き、努力を心掛けることが求められるのだと思う。吉永の場合、重ねた自らの経験に加え、長年続けている原爆詩の朗読などに見られる人間的な魅力が自ずと演技の中ににじみ出てくるのだと感じる。

この映画を観て、改めて夫婦の絆の意味を考え直してみたい気持ちになった。すべての夫婦が宮崎夫妻のようにはいかないだろうが、縁あって結ばれた二人がどのような生き方をするのか、どのような夫婦像を演じるかは非常に興味のあるところで、決して答えの出る問題ではない。仮に一万組の夫婦があれば、一万組の夫婦の生き方があって、二つと同じ組み合わせがないところが面白い。

宮崎夫婦の場合、あまりにも妻の存在が大きい。彼女の素晴らしい人間性があのような夫婦像を演じさせたのだと思う。家の中では妻は夫の眼となり、外出するときは杖となる。二人で一つ、二人一緒でなければ全然用が足せないのだ。映画の中で、見晴しの良い丘の上で、二人が仲良く弁当をひろげ、語らいながら楽しそうに食事をしている光景はほほえましく、恐らく二人にとって至福のときであったに違いない。

実際はどうだったのか詳らかにしないが、映画では高校生に成長した、前妻との間の子息が一人暮らしの実母を訪ねて、父との離婚承諾書に署名させて帰ってくる。この種の物語ではよくある筋書きでもあるが、この映画では真実味がある。血のつながる実母に離婚を迫る子息の辛さもわかるが、それよりも両親の生き様を眼の当たりに見、育ててくれた母への感謝の気持ちがそうさせたのであろう。邪馬台国の発掘に命をかけた考古学者の情熱、ロマンを追い求める男の生き方、それを理解し、手となり足となって献身的に支える妻。宮崎夫婦の場合の組み合わせは夫婦愛以上の貴さと大きな存在感がある。そのことが多くの人々の共鳴と感動を呼んだのだろう。映画の批評から少し逸れてしまったが、この映画を観て改めて夫婦の在り方というか、夫婦の絆というものを考えさせられた。

（平成二十一年二月十二日）

母べえ

〔二〇〇八年　山田洋次監督〕

話題の映画「母べえ」を観た。

昨年一月五日に、大阪の某デパートで「武士の一分」について、山田洋次監督と主演の壇れいの対談があった。その席で、次回作について尋ねられた山田監督が、吉永小百合を主役に戦時中の日本の母親像を描きたいと話された。その後製作が進んだ年末に新聞紙上（読売十二月十二日）で、更に天皇誕生日のＮＨＫの特別番組で、山田監督と吉永小百合の「日本の母を語る」という対談を聞いてからというもの、映画「母べえ」への私の期待と思い入れは、いやが上にも募るばかりだった。

今日は午前中、総合医療センターで坂本医師の診療を受けた帰途、阿倍野の映画館で「母べえ」を観た。場内は年配の観客で満席状態だった。

主な出演者は、父べえ役の坂東三津五郎、母べえ役の吉永小百合、父べえの弟子山ちゃん役の浅野忠信、父べえの妹役の壇れい、そして二人の子供（姉妹）役が、物語の主役である。これに、警察官役の笹野高史、小林稔侍、姉妹の成人後の役として倍賞千恵子、戸田恵子など、いわゆる山田組の芸達者な面々が脇を固めている。

この映画は、昭和十五年から終戦直後までの苦難の時代を生きた、日本の母親の象徴のような存在としての母べえ像と家族の絆が、実話を基に描かれている。その母親の代表として吉永小百合が選ばれ、彼女がその役を見事に演じ切っている。相手役（父）の坂東三津五郎の重厚な演技とが見事にかみ合っていると感じた。

そしてまた、苦難の時代を生きた母親像を通しての平和・反戦の映画でもある。昭和の戦後から平成生まれが圧倒的に多くなった現在、戦争体験が日本人の記憶から薄れつつあるのは否めない。山田監督は、決してあの体験は忘れてはならないと改めて反戦・平和の問題を訴えたかったのだと思う。ただその手法は、反戦・平和を声高に叫ぶのではなく、実話を基に、今は失われた茶袱台を囲む家庭劇として、観客に訴えかける手法をとっている。この温かくほのぼのとした家庭劇の手法が、かえって観終わった後にじんわりと強く心に迫ってくる。

日本人は、決してあの時代を忘れてはならない。ただ冒頭に触れたように、観客が五十代以上の年配者が圧倒的に多かったのは、この物語に自らの体験なり記憶を投影して、懐かしみながらも反省しつつ観ているのではないかと想像された。しかし、多くの若い世代にもぜひ観てほしいと願わずにはいられなかった。

実話を基にしながらも、治安維持法による思想犯として投獄され獄死する学者の夫、転向して体制派学者として時流に生きる夫の恩師、娘婿が思想犯として投獄されたことで悩み、社会的制裁を受ける元警察官の父、かいがいしく母子を扶け、最後は原爆症でなくなる夫の妹など、それぞれがあの時代に存在した群像であり、これらの人を道具立てとして、反戦・平和の物語が構成されている。

この映画で描きたかったのは、監督自身が話しているように、あの当時の日本の母親像であり、茶袱台を囲む家族の温もりだった。監督は吉永小百合にこの役を受けてもらえないならば、製作は思いとどまっていたという。「武士の一分」の対談のとき、監督は、「この映画は私の吉永さんへのオマージュ（尊敬）である。吉永さんは日本映画界の至宝であり、彼女を使う以上失敗は許されない」とまで公言された。

吉永小百合は、この山田監督の期待に見事に応えている。見事に日本の母親役を演じている。微妙な表情の変化と仕草、細やかな演技に賞賛を惜しまない。彼女自身のもっている凛とした美しさが、強く生きる母親像ににじみ出している。自らは子育ての経験がないにもかかわらず、強く優しい母親役になり切っている。

吉永小百合を見ていると、青春スターだった若い頃から年齢を加えるにつれ、見事に美しい大人になり、老いつつあると感心させられる。原爆詩の朗読に見られるように、自らの生き方と常に自らを磨きつづける努力により、天性の美しさに知的な美が加わっているのだと思う。

山田組の常連である笹野高史や小林稔侍などの渋い演技には、感心させられ魅かれるが、私はもう一人若手女優の壇れいのファンでもある。「武士の一分」に初めて起用されて以来、「釣りバカ日誌18」、「母べえ」と三作続けて山田監督の作品に登場している。美し過ぎると感じるほどだが、それに負けないだけの演技力を身につけていると思う。

（平成二十年二月二十一日）

母と暮せば

〔二〇一五年　山田洋次監督〕

山田洋次監督の作品で所要二時間一〇分。

二年前、井上ひさし氏の三女から「父は長崎を舞台にした『母と暮せば』という作品を作りたいと願っていた」と聞かされ、山田監督が作家の井上ひさし氏（故人）の思いを引き継ぐ形で、映画として世に出すことを決めたという。字幕の最後に「井上ひさし氏に感謝する」と献辞にもあるように、山田監督の強い思いが伝わってくる。それだけに「生涯で一番大事な作品を作ろうという思いで製作に臨んだ」と述懐しておられる。

物語は、長崎の原爆で死んだ息子と残された母親の話で、ストーリーは比較的単純だが、死んだ息子が母の前に現れていろいろ話をするというファンタジー風の作品である。

舞台は、一九四八年の長崎。助産婦として暮らす伸子（吉永小百合）は、原爆で死んだ息子の浩二（二宮和也）のことが諦められずにいる。というのも息子は長崎医科大学の学生で爆死したのだった。彼の死後もよく世話をしてくれる浩二の恋人・町子（黒木華）と共に、三年目の命日に墓参りに行き、そこで気持ちの整理をし、諦めることにする。ところが、その夜、伸子の前にひょっこりと浩二の亡霊が現れる。

まるで生きているかのごとく浩二は母と会話し、その思い出の中に町子との楽しかった情景も浮かんでくる。伸子の身辺には、米軍相手のヤミ物資の取引でうまく立ち回る〝上海のおじさん〟（加藤健一）が何かと世話をやきつつ、彼女に慕情を寄せる。町子は小学校の先生として勤めるが、同僚に戦争で片脚を失って復員した青年の先生（浅野忠信）が存在する。この〝上海のおじさん〟と青年の存在が終戦直後の厳しい社会情勢を反映している。物語は町子の結婚話が中心となって展開する。伸子は町子を頼りにし、愛しく思いながらも、浩二の勧めもあり、町子の結婚話の背中を押す。

浩二への思いを断ち切るように、町子は職場の同僚の青年と結婚に踏み切ることで物語は終結する。それが望みでもあったが、伸子の心には大きな空白が漂うのだった。

大切な人を失った者の悲しさ、そして死者の思いまで描く、山田監督のファンタジー作品ともいえる。吉永は一つのシーンで生身の人間と死者とに同時に対することもあり、難しい役柄で、演じるのに当惑もあったはずである。しかし監督から「これは落語だ」と話され、少し気持ちが楽になったという。テレビで、監督が吉永に情況を説明し、演技指導している撮影中の一コマが紹介されていたことを記憶する。

音楽は、山田監督のたっての願いで、坂本龍一が担当している。エンディングでは、彼の作曲した「鎮魂歌」を延べ約八〇〇人の長崎市民が合唱する。長崎市民の思いが伝わってくる感動的なシーンでもある。山田監督は、原爆犠牲者への追悼にもなると思ったと話している。

この映画が、戦後七十年の節目に製作されたのも意義深い。吉永小百合は、ライフワークとして毎年、ボランティアで原爆詩を朗読している。その彼女が主役を演じるのも何かの因縁を感じる。もちろん、この映画を撮る初めから、山田監督は吉永の主演を考えておられたはずである。『母べえ』など二人のこれまでの関係からも、監督の吉永に寄せる思いからも当然の帰結だったと想像する。

いつもながら、山田組ともいわれる黒木華・小林稔侍・浅野忠信などが出演しているのも楽しい。私は若手女優では、黒木華が国際映画祭で受賞して以来のファンの一人である。美貌を売り物にする俳優ではないがゆえに、彼女の確かな演技力に魅かれるのである。この映画でも、地方から都会に出てきて、人間的にも仕事にも前向きに真面目に勤める女性。しかしそこには、現代女性なのにどこか古風な臭いを漂わせているところが役柄ににじみ出ているように感じさせるのである。

平成二十七年中の映画を対象に、第七十回毎日映画コンクールの受賞作と受賞者が発表されたが、「俳優」部門では、女優助演賞には黒木華が最終候補となり、惜しくも長澤まさみに賞を譲ったのだが、その演技力は高く評価されているところである。一方、男優助演賞では、加藤健一がこの映画の演技で見事に受賞している。望月六郎氏の評（毎日新聞・平成二十八年一月二十九日）によれば、「戦中も戦後も厳かで穏やかに過ぎていく時間に、愛嬌たっぷりねっとり忍び込み、大陸で悪さした愚かさを臭わせ、それに恥じ入りながらも日本の美しさを守りたい男＝蓮池のどろを思わす加藤健一の有り様に『昔、こんな人いたなあ、俺の親父もこうだったかな』と思い出した。静謐な世界で奮闘する『寅さん的人物』は愛しかった」と評しておられる。

この映画は、ファンタジー風ながら、その根底にあるのは、言わずと知れた反原爆であり、反戦平和である。それだけに、冒頭の原爆投下の瞬間の迫力には戦慄を覚える。ここら辺りにも山田監督の思いが込められていると思った。

前述のとおり、この映画は戦後七十年の節目に製作されたが、戦争体験が徐々に国民の記憶から稀薄になっていきつつある現在、とりわけ今年は、安倍政権の下で、国の政情が変化をとげつつあるかに感じられるときでもあり、この映画が警鐘を鳴らすかに問題提起した感もある。今後日本の将来がどのように展開していくのか関心のあるところであり、同時に気懸りでもある。

ALWAYS三丁目の夕日'64

〔二〇一二年　山崎 貴監督〕

「ALWAYS三丁目の夕日'64」を観た。第一作が二〇〇五年十一月に発表されて大好評を博し、日本アカデミー賞最優秀作品賞をはじめ、数多くの映画賞を受賞した。続篇を希望する多くの声に応えて、二〇〇七年に続篇が製作、封切られ、これまた大人気で第一作を上回る興業収入を得たという。

あれから五年が経過した二〇一二年に第三作が公開されたのだった。内容は第二作を受けて、その後の三丁目の住人たちの生活を描いている。今作は一口にいって、まさに旅立ちの内容になっている。題名が示すように、時代背景は一九六四年（昭和三十九年）である。終戦後十九年が経ち、日本が戦災復興を成し遂げ、まさに経済の高度成長期の真っ只中にあった。アジアで初めての東京オリンピックが開催され、東海道新幹線が開通した年だった。

夕日三丁目の住人たちの間では、以前と変わらぬ生活、人情味あふれる付き合いが続いている。下町の人情豊かな生活である。間もなく家族（赤ちゃん）が増える予定の茶川竜之介（吉岡秀隆）とヒロミ（小雪）夫婦、鈴木オートを日本一の会社にする夢を忘れない鈴木則文（堤真一）とトモエ（薬師丸ひろ子）夫婦。物語は、この二組の家族を中心に、今回は人生の転機、巣立ちがテーマとして描かれている。

東北地方から集団就職で上京して、鈴木オートで働く六子（堀北真希）は娘に成長して恋をし、茶川家で実の息子のように育てられている淳之介（須賀健太）は高校三年になり、大学に進学すべきか、小説家としての道を歩むべきかで悩んでいる。この二人がくだす決断とは？　結果は、六子は結婚して新しい家庭を築く道を選び、淳之介は悩んだ挙句、育て親と同じ作家の道をめざすことになる。物語の中では、笑いあり、涙ありの心温まるストーリーが展開され、観る者に深い感動を与えてくれる。

本作品の製作に中心的にかかわった山崎貴監督、主役の堤真一、薬師丸ひろ子の三人が奇しくも昭和三十九年生まれで、三人とも東京オリンピックも新幹線の開通も体験していない世代である。その三人がそれぞれに当時のことを聞いたり調べたりして、予備知識を得て、メガホンを執り、主人公として演じているのである。

キャストが同じなので、第二作から五年の経過は子供たち、すなわち六子、淳之介、鈴木一平（小清水一揮）などが、実際に大きく成長しているのが画面から伝わってきて、観ていて楽しかった。六子役の堀北真希は第一作のときは十六歳だったという。だから無理なく中卒の工員見習い役を演じていたが、第三部では成長した娘役を演じている。淳之介役の須賀健太こそ小さい子供だったのに、第三部では大学入試をめざす年齢に成長し、育て親である竜之介に対し、かつてはオジチャンと呼んでいたのが、今ではある程度おとならしい分別を見せるまでに成長している。二人ともその辺りのところが、妙に役作りをしなくて素直に演じているようにも感じ、時の経過とともに作中の人物も成長していったのだなと感じられた。そして私には、お母さん役の薬師丸ひろ子を見ていると、小泉今日子のイメージに似ていると感じた。まるで同じ人間が演じているかのように、姉妹かと見まごうばかりだった。このような見方は間違っているのだろうか……。

三部作を観ていると改めて上野駅のことを思う。東北地方からの集団就職や出稼ぎ労働者の到達駅であり、同時に彼らの出発点でもあった。日本が高度成長に向かう時機の玄関口だった。井沢八郎の「ああ上野駅」や吉幾三の歌の世界に描かれた上野駅もちろん二人の歌の世界には時代の差が微妙に反映されてはいるが……。

この映画は、昭和三十年代にタイムスリップした、東京の下町の庶民の生活模様が、特殊撮影の技術を生かして、東京タワーや新幹線の映像を背景に描かれていて非常に懐かしい。しかし、物語の中心は家族の人間関係と近隣の人々の信頼と助け合いという人間の絆を描いている。この映画を観ていて、山田洋次監督が言われ、たびたび映画に描かれた家族のあり方(姿)に通じているように感じた。つまり、茶袱台を囲んだ家族の温もりである。

第三部の背景になる昭和三十九年は、日本が高度経済成長の真っ只中にあった。私個人としては、大阪市役所に再就職した年であり、開通直後の新幹線「ひかり」に乗った経験をもつ。そして、オリンピックでは、東洋の魔女といわれた日紡貝塚の女子チームとソ連(当時)とのバレーボールの決勝戦は、たまたま残業で職場に残っていて仕事が手につかず、ラジオの実況に先輩たちと一緒に手に汗握る思いで応援をし、勝利の瞬間に歓声をあげ拍手かっさいしたことをはっきり記憶している。

とにかく、東京オリンピックの頃は、日本中の国民が高度成長に酔い、成長発展を信じて前進するばかりだった。千里万博後の四十年代後半から高度成長の歪みが表面化し、公害、経済の不況、バブル期などを経て、日本は現在の経済の停滞と少子高齢化社会の時代を迎えている。私の世代はこれらの時代を体験してきた。それだけに、この映画の時代の住人たちの人情味溢れる付き合いがなおさら懐かしく感じられる。現在では親子の関係や近隣との付き合いが少し薄れつつあり、茶袱台を囲む家族の温もりと人間の絆が変質しつつあるだけに、改めて家庭の存在、家族の結び付き、近隣関係などについて、この映画は考えさせてくれる。

（平成二十四年二月一日）

利休にたずねよ

〔二〇一三年　田中光敏監督〕

東映が正月用にと、スタッフ、俳優の選定からロケ地やセットでの撮影、更には名器の茶道具や調度品に至るまで吟味して製作した作品だけに、その意気込みが十分に伝わってくる芸術上の大作である。

侘び茶を完成させ、「茶聖」と称された千利休。利休については、その人間像と芸術性について、さまざまな角度から研究がなされ、小説や映画の中で何度も描かれてきた。

今回の映画は、直木賞を受賞された山本兼一氏の同名の原作（PHP文芸文庫）を基に、小松江里氏がシナリオを書いている。利休には多様な人間的側面がある。納屋衆として自治都市「堺」の運営の中心（会合衆）として活躍した政治家の側面（だからもし武人だったら、天下を取るぐらいの大名になっていただろうという見方）、また後年茶道具の独占販売を手掛けた若い頃からの経済人としての才覚、そして何よりも茶の湯の完成者としての芸術家としての側面。しかし、究極のところ、豊臣秀吉の権力にも屈しなかった、自ら集大成した茶の湯（茶道）にこそ絶対的な価値を見出した誇り。つまり秀吉の「俗」にうち勝った芸術の天才としての矜持にこそ、彼の本質を見ることができるのではないか。

今回の映画でも、天下人にも屈しなかったがゆえに切腹を命じられ、死をもって自ら確立した茶の湯を守り通した、つまり、自分の信じる美の世界に殉じた利休の生き様がテーマとなっている。

侘び茶の大成者ゆえに、利休はどちらかといえば、求道者のような芸術家に考えられ勝ちだが、山本氏の小説では、明るく華やかで、そして一見人間臭い、天才芸術家として描かれている。それは彼の「美」に憧れる誇り高い気持ちの原点に、若い頃に朝鮮から連れてこられた李王朝の流れをくむ美人の囚人との恋があったからである。それも彼女を祖国へ逃亡させられずに死なせてしまい、自らは死ねずして生き残った「悔恨」からくる美に対する強烈な憧れにあるとする仮説から出発している。つまり、美に対する強烈な自負の背景には、若き日の短くも清冽な恋があったからなのである。

それが彼の産み出した茶の湯の原点となっている。

ストーリーは、切腹当日の瞬間から始まり、次いで過去に遡り、切腹に至る過程を順に追っていく。つまり、切腹九年前、同六年前、切腹の年、更にそこから彼の芸術の原点である若き日の利休の高麗の女性との悲恋。その過程で、茶の師である武野紹鷗との師弟の交わりと父（千与兵衛）、陶芸師長次郎、僧古渓宗陳などとの人間的交流が描かれ、それらの交流が利休の生き様に大きく作用していることが解き明かされ、最後に再び切腹の朝へとつながっていく。

出演者の顔触れの豪華さに驚かされる。利休に市川海老蔵、妻宗恩に中谷美紀。この二人はまさに適役で絶品である。原作者が小説を書くときから、もし映画化するならば海老蔵を想定していたくらいだから、海老蔵なくしてこの映画は撮れなかったのではないか。その相手役の中谷美紀がまた素晴らしい。

夫を深く理解し、支えながらも、夫の茶の湯の原点でもあり、夫の密やかな思い人への妻としての思い（嫉妬）、それがラストで夫が大事に持っていた緑釉の香合を、割ろうか割るまいかと迷う姿にこそ彼女の思いが集約されている。しかし、彼女は割れなかった。ここにこそ夫を愛し、支え続けた妻としての誇りを感じさせた。この辺りの演技は見事だった。

この辺のことをパンフの中で、中谷さんは、原作小説とは違って割らなかったことに、「それは宗恩さんの矜持といえるかも知れません」と述べている。本当は投げてしまいたいが、そうすることで夫の記憶にある思い人に負けたことになると考え、「割らないことによって宗恩という人は利休さんへの無条件の愛を示すことができ、夫の想い人を超えられるような、大きな人間になれたのかも知れません」とも述べている。素晴らしい解釈ではないか。

中谷さんは、これまでに十年の茶の湯の修業を積んでいるという。この準備といい、前述の解釈といい、素晴らしいの一語に尽きる。余談ながら、私は以前から、高峰秀子こそ日本映画の申し子(女王)であるが、彼女を継承するのは吉永小百合であると信じている。そして更に若い世代では、中谷美紀に映画や演劇の王道を歩んでほしいと期待している。

今回の演技スタッフは、海老蔵と中谷の二人はもちろんのこと、主な配役のすべてが実力者揃いで、映画を重厚なものにしているが、とりわけ、武野紹鷗役の市川団十郎(特別出演)こそは圧巻で、短いながらも重厚で大きな存在感を示している。市川父子が共演する最後の舞台となったのだが、画面の中に流れる雰囲気は非常に重かった。当時の団十郎は闘病中で、海老蔵は父自身が最後の舞台になるかも知れないと思いつつ演じていたと述懐しているが、なるほどと涙なしにはこの場面は観られなかった。

利休没後四百五十年、利休が確立し後世に遺した茶の湯は、その後の日本の伝統文化と日本人の精神構造に大きな役割を果たしてきた。その「美」の原点と人間利休を解明する上での大きなヒントともなる作品ではなかったか。

この映画は、千利休の人間像の明るく人間臭い側面を描きながら、一途に茶の湯の本質（美）を追求し、その美に殉じた生き様の中に、彼の芸術性を解き明かそうとしているが、私は政治家としても経済人としても一流だった利休の姿、その人間性を追求する描き方も観てみたい欲求にかられた。素晴らしい見応えのある映画だったがゆえに欲深い思いだと我ながら感じている。

（平成二十五年十二月十八日）

山本兼一著「利休にたずねよ」を読んで

映画を二度観賞した後で原作を読んだ。当然ながら、映画とは少し異なる感想を覚えた。映画のほうがシナリオを絞り込んで、利休の茶の湯の美に憧れる芸術観と切腹に至った経緯を明確に示しているように感じた。原作には文芸作品（歴史小説）としての幅と面白味、つまり文字による説得力とその背後にあるものを想像させる楽しさがあった。作者のストーリー・テラーとしての小説の構想力と技巧に、巧みさと斬新さが感じられた。作者の表現力の巧みさと茶の湯についての深い研究と知識（造詣の深さ）に感動した。

宮部みゆき氏の解説にあるように、茶の湯侘び茶の大成者、千利休の人生の終末に起こった最大の謎――太閤秀吉から切腹を命じられ従容として応じた――の解明に向けて、一つの仮説の下に時の川を遡ってゆく、という手法は斬新であり、その構想の巧みさに感嘆させられる。

宮部氏は解説の中で、「本書は私たちに、千利休の人生を体験させてくれるのです。そのためにこそ、山本さんは破格の構成を用いました。私たち読者に、過去の歴史のなかで確かに流れていた時間を実感させるために、〈時間〉そのものが仕掛けになる工夫を凝らしたのです」と述べている。

俗界の権力の頂点（天下人）に立つ太閤秀吉と、茶道という芸術の頂点を極めた者との対立、つまり、聖と俗との対立の中で、俗の力に屈伏した形の中で、逆に聖の領域を守ったのが利休であった、と私は思っている。

本書のタイトルの真意、つまり作者は利休に、何を「たずねよ」と呼びかけているのか。解説の宮部氏は、その解として、「『利休さん、あなたがもっとも深く愛した女性は、やはり宗恩ですね』そう、たずねたいと思います」と結んでいる。

私も、そうだと感じるのだが、そうだとすれば、小説の最後で、宗恩が夫が大事にしていた緑釉の香合（小壺）を石灯籠に叩きつけるという行為はいささか納得がいかない。それよりも映画の中では、叩きつけようと何度もしながら、できずに思い止まった宗恩の描き方のほうが、女の生き方として素晴らしいのではないか。そこにこそ夫の密かな思い人に勝ったという矜持が見てとれるのである。

映画では、原作にない最後の場面で、宗恩が静かに茶を立て夫の位牌に供えるシーンが、より重味を増して観る者に迫ってくる。最愛の夫への想い、夫の想い人に勝ったという誇りのようなものをあのシーンから感じた。だからあのシーンには、中谷美紀の長年の茶の湯の修業の成果が凝縮されているようで、私には重厚味の感じられるシーンだったと思えたのだった。

小説と映画がごちゃ混ぜになったが、利休を演じた市川海老蔵とその妻宗恩役の中谷美紀のキャスティングは最高だったと、小説を読んだ後で改めて感じるのである。

追記

山本兼一氏が平成二十五年二月十三日に逝去された。まだまだ作家としての活躍が約束されていただけに、五十七歳という旅立ちは残念でならない。歴史小説に一境地を開かれた業績に敬意を表しつつ、哀悼の誠を捧げたい。

はじまりのみち

〔二〇一三年　原　恵一監督〕

木下恵介監督の映画製作の原点ともなった若い頃の生き方を描いたのが「はじまりのみち」である。脚本と監督を原恵一氏が担当している。観終わって改めて題名の示す通り、木下監督の映画作りの原点がここにあったのだと感じさせる。

木下恵介監督（本名正吉、加瀬亮）は昭和十八年に「陸軍」を製作した。この作品で、有望新人監督を表彰する「山中貞雄賞」を黒澤明と同時受賞している。ところが、時の内閣情報局から、映画の最後の部分、出征兵士の我が子を見送る母親（田中絹代）の姿が女々し過ぎて、これでは戦意昂揚にならないと批判され、松竹に対し次の作品計画を中止するように命じられた。

社長の城戸四郎（大杉漣）は、木下に対し時節柄堪えるしかないから短気を起こすなと説得するのだが、木下は子息を戦地へ送る母親の気持ちはあのようなもので、決して戦争を批判したものではないと納得せず、辞表を出して郷里の浜松へ帰ってくるのだった。米津の浜が育った思い出の場所だった。

恵介の母（田中裕子）は夫と二人で店を切り盛りしていたが、脳梗塞で倒れ、療養中だった。戦局があわただしくなり、浜松の郊外に疎開していた。いよいよ戦局が悪化し、浜松も市街地が二十年六月に米軍の空襲を受け、更に一家は内陸の山間部へ疎開を余儀なくされるのだった。行先は約六十キロ離れたカツサカという場所だった。

引越すには療養中の母をどのようにして移動させるのかが問題になった。列車やバスでの移動が困難だった。正吉はリヤカーに乗せて移住することを主張した。峠を越えて長距離の移動は不可能だと父と兄（ユースケ・サンタマリア）は反対したが、正吉は断固として自分の考えを押し通し、結局、リヤカーで移動することになった。この辺りに会社退職といい、後年の木下監督の頑固ともいえる強固な精神力が見られるのである。

移動には兄弟が母のリヤカーを引き、荷物は便利屋の青年（濱田岳）を雇ってリヤカーを引かせることにした。暑い日差しの中を三人はリヤカーで出発する。父と妹は別途列車で直接疎開地へ行くことにした。母は峠への坂道にさしかかったとき、リヤカーを止めさせ、遠くの懐かしい風景に向かって手を合わせるのだった。リヤカーはあえぎあえぎ坂道を登っていく。急に雲が出てきて夕立がきそうになった。急坂にさしかかる頃、どしゃ降りの夕立に見舞われる。三人はおなかを空かしながら、泥だらけになって、必死に坂を登っていく。やがて峠を越え、下り坂にさしかかる頃には雨が止んだ。坂道を下り、やっとの思いで目的の宿場街に着く。しかし、街は疎開客で賑わっていて、病人を抱えた通行客にはなかなか宿泊先が見つからなかった。やっと「澤田屋」という旅館が見つかり、心よく泊めてくれることになった。

正吉は手押しポンプで井戸水を汲んで手拭をしぼり、母の顔の汗と泥をぬぐい、髪をといてやるのだった。その優しさに周囲のみんなは感心しながら見入っていた。正吉は母親思いで優しかった。木下恵介のこの優しさは生来のもので、この優しさが後年の映画作りに反映されることになったと考えられる。木下映画の特徴は人間愛と反戦思想にあると考えられるが、人によってはリリシズムが強すぎると批判する者もいる。

川下りの船便がなくて、一日余計に宿泊することになった。正吉は街中を散策して回り、やがて川端に腰を下ろしてしばらくぼんやりと過ごす。川端に来るまでに、女先生（宮崎あおい）が教え児と紙の日章旗を振って出征兵士を見送りに出掛ける光景に出くわし、遠くからこの情景をじっと観察している。私はこのシーンを見たとき、「二十四の瞳」の大石先生と子供たちとの交わりの光景を想起した。和服姿の宮崎の女先生は高峰の大石先生をほうふつさせた。恐らく木下監督にはこのときの経験が「二十四の瞳」で生かされたのだろうと思う。逆に原監督の木下監督への尊敬からの仮託かも知れない。

正吉が坐っているところへ、便利屋の青年が近づいてきて坐った。正吉は母のことを話して聞かせた。両親は働き者で、お人好しだった。使用人より朝早く起きて商売の準備をし、一所懸命働いてお店を切り盛りして店を大きくし、お蔭で子供たち（男女二人ずつ）は何不自由なく育てられた。それで自分は大学を卒業して映画会社に入れたのだと話した。正吉も中支への出征経験をもっていた。便利屋の青年は正吉が映画の仕事をしているとは聞いていたが、映画監督で「陸軍」を製作したことは知らず、自分が観てきた「陸軍」の話をするのだった。母親が出征兵士の行軍のラッパの音を聞いてたまらなくなり、転げるように表通りへ駆け出し、自分の子息を熱心に探し求める。そしてやっと見つけ出し、一心に無事を祈る。子息を送り出す母の気持ちはあれが当たり前で、自分にも早晩赤紙が届くかも知れない、今まであまり母を大事にしてこなかったが、もう少し母に優しくしたいと告白し、あんな映画をもっと観たいと話すのだった。

ここで映画「陸軍」の最後の部分が映される。モノクロの映像がかえって迫力を増す。母親役の田中絹代の演技が出色だった。

宿泊した三人は「澤田屋」に礼を述べて出発する。予定より一日遅れて目的の疎開地に到着し、ここに家族は落ち着くのである。父は野菜作りに励み、正吉は薪割りなどに従事して日を過ごす。

そんなとき、母は不自由な手で手紙をしたため、不自由な言葉で正吉に話すのだった。手紙には次のように書かれていた。「母はまた木下恵介の映画を観たい。戦争は永久に続くはずはない。いつか戦争は終わり、自由に思いのままに映画を作れる時代が来るに違いない、お前は折角映画監督になったのだ。母は誇りに思っている。だから短気を起こして松竹をやめないで、会社へ戻りなさい」とさとすのだった。

実は、正吉は東京を離れ、浜松に帰って来て、疎開地へ移動する間もずっと映画のことを考えていた。若い男女の恋愛物語や、スポーツや乗馬シーンなど明るい話題などいろいろ考えていたが、今は全くその可能性がない、と感想をもらすのだった。

映画はここで終わっている。字幕スーパーで、母は昭和二十八年十月に病没するが、京都で映画の撮影中だった木下恵介は立ち会えなかったことが告げられる。次いで、松竹に復帰した木下恵介監督が、戦後次々と発表した話題作や傑作の名場面が流れ、日本の映画史において黒澤明監督と並び称される巨匠として大きな足跡を残したことが紹介される。

この映画は木下映画の背景を説明する内容となっているが、原監督の木下監督へのオマージュだと私には感じられた。最後の字幕の部分で、今なお続く「澤田屋」が紹介され、経営者の鈴木さん一家が写された。「澤田屋」には、木下親子が宿泊した部屋が残されており、説明書が示されているのがカットで紹介された。あの物資窮乏の時代に優しく接したことが縁で、後年有名になった木下監督との関係が語り継がれることになったのである。

投稿のあと

恩師の群像

追悼のことば――原龍之助先生を偲んで

大阪市立大学同窓会誌「有恒会報」
第一四四号（平成七年八月一日）より

法学部名誉教授原龍之助先生の訃報を夕刊紙上で知った瞬間心底びっくりもし、ついに来るべきものが来たかと落胆の気持ちを抑えることができなかった。私たちが法学部で学んだ頃の元老級の教授陣もこれで全くおられなくなったかと感慨ひとしおのものがあった。

翌朝さっそく御自宅へ御挨拶にうかがった。御家族との挨拶もそこそこに納棺前の先生に拝顔した。白布をそっとはずしてお顔を拝ませていただいた瞬間、万感胸にこみあげ、話すことばもなくただ合掌するのみだった。

　葬儀告別式は二月五日（日）正午から上野芝会館で盛大に執り行われた。当日は余寒も残っていたが、早春の日差しがこぼれ、穏やかな天候に恵まれた。葬儀委員長を務められた帝塚山学院大学長の山田博光先生による先生の業績と人柄を紹介する懇ろな弔辞にはじまり、各界からの弔電の披露、中川前大阪府知事をはじめ各界の名士の焼香が続いた。懐かしいＯＢの先生方も多数参列しておられ、ゼミ生の面々も一期生の池永武文氏以下多数が参列していた。「訃報に接し謹んで哀悼の誠を捧げます。ありし日の先生の温厚な御尊顔を偲びつつ、安らかなお眠りをお祈り致します。原ゼミ卒業生一同」。披露されたこの弔電にこそ、かつて先生から教えを受けた学生たちの気持ちが凝縮されていると思った。

　お棺にお花を入れ最後のお別れをしたとき、私の胸の中にぽっかりと空洞ができたように感じた。生前何かと御指導賜った私にとって一つの時代が終わったような思いだった。

　先生は和歌山県御坊市の出身で、耐久中学校から三高を経て京都帝大で佐々木惣一博士の門下生として学ばれたのだが、当時の市大には、三高の同期生として名和統一、谷口知平、村松繁樹、原の四教授が在籍しておられ、さらに三高の同級生の中には大河内一男（東大総長）、奥田東（京大学長）など錚々たる学者が活躍しておられた。京都という土地柄と時代背景がそうさせたのだろうと想像される。先生からは、同級生のエピソードを聞かされたことがある。

先生の憲法や行政法の分野での数々の業績の紹介と評価については専門家に委ねるとして、地方制度や選挙制度の各審議会委員として、また大阪府監査委員、堺市公平委員など各自治体で活躍された。文学に造詣が深かっただけに達意の文章家でもあった。著書や論文は要領よく明解にまとめられているので理解しやすかった。イギリスの政治の仕組みや選挙制度などを紹介した評論『イギリスの良識』などは出色のものだったと思う。

先生は昭和二十～三十年代の日本の公法学会をリードされた〝行政法七人衆〟の一人だった。七人衆とは、田中二郎先生を筆頭に柳瀬良幹、鵜飼信成、田上譲治、俵静夫、林田和博、原の各氏である。毎年研修会を兼ねた私的な会合を開いておられたが、晩年は夫人同伴の懇親旅行の場合もあったらしい。そのうちに一人欠け、二人亡くなったりとメンバーが減っていくのは淋しい限りだと述懐しておられた。最も長命で最後に残られたのが原先生だった。

大学との関係で公的な活動としては、法学部三十周年記念事業が最後だったようである。田中記念館での記念式典では、ＯＢの最長老として、学部の三十年の歴史を回顧して挨拶された際、草創期学部長の西原寛一教授が中心となられ、若い人材集めに奔走され、学部の基礎固めをされた苦労と功績について話されたことが印象深く思い出される。先生は甘党でお酒は嗜まれなかったが、興が乗れば三高の寮歌をよく口ずさまれた。記念式典当日も講堂の壇上で〝紅燃ゆる〟を楽しそうに歌っておられた姿が目に浮かぶ。

私と原先生の結びつきはゼミナールに行政法を選んでからのことであるが、二年の秋に行われたガイダンスが忘れられない。その頃の法学部は五人の司法試験委員を出すなど学会に大きな位置を占めていた。商法の西原・実方正雄、民法の谷口、行政法の原、行政学の吉富重夫、労働法の水島教授、東洋法制史の内藤乾吉などの諸先生が個性豊かにゼミの紹介をされたが、出色は原先生のそれだった。英国の紳士風の美丈夫が法律のことはほとんど触れられず、選挙制度の視察で外遊したヨーロッパの想い出を名調子で語られた。パリ・ローマ・ウィーンなどの文学や映画の舞台を訪れた印象をほうふつとさせてくださった。学生は皆この型破りのガイダンスに魅せられたものである。私は行政法ならば公務員への道が展けるだろうという思いはあったが、それよりも元々文学部へ入りたかったくらいだから、即座にこの先生の下で指導を受けようと決心したのだった。

思い出は尽きないが、今はただ御冥福をお祈りするのみである。合掌

遠き日の面影――池田清先生を悼む

『残照―池田清その生涯』（池田明史編）より
（一部加筆訂正）

池田清先生は、遠く四十数年前大阪市立大学で講義を聴いたのがきっかけで、以来細々ながら交信を続けてきた恩師の一人である。ただこの二、三年は賀状交換を控えていたところに訃報に接し自らの行為を悔いた。このたび追悼集の発刊にあたり、大阪市大時代を語れる者も少ないだろうと考え、拙文をも顧みず先生との思い出を寄せることとした。

ここで池田先生の略歴を紹介しておきたい。清先生は典型的な薩摩男児で、専攻は欧州政治外交史だったが、いつか維新の功労者である郷土の英雄たちについての評伝を書きたいと話しておられたことを記憶する。

鹿児島一中から海軍兵学校を卒《お》えて海軍に従軍し、戦後第七高等学校に再入学し、その後東京大学法学部に進まれた。大学では岡義武教授の指導を受けた俊秀だった。同じく岡門下の神谷不二先生（慶応大学教授）も、同時期大阪市立大学に在籍され、私も受講した一人だった。池田先生は惜しくも、昭和四十五年の大学紛争を機に東北大学に移られ、東北大学定年後は青山学院大学で教鞭を執られたのだった。

清先生は、海軍兵学校を卒え、重巡洋艦「摩耶」をはじめ帝国海軍の第一線の枢要の部署に配属され、再度にわたり沈没して海中を漂流して助けられ、九死に一生を得られたのだった。その経験から、司馬遼太郎氏に、あなたこそ海軍のことを書くにふさわしいと勧められたとか。後年、名著『日本の海軍』を著されたのだった。

海兵時代の校長が井上成美氏だった。井上氏は最後の海軍大将といわれた傑物だったが、戦後期するところがあって三浦半島の片田舎でひっそりと赤貧洗うが如く暮らしておられたとき、清先生は献身的に世話をやかれた一人だった。そのことは阿川弘之の大作『井上成美』の中でも触れられている。

私が大阪市立大学法学部に入学したのは昭和三十三年で、定員はわずか百名。A・B二クラスに分かれていたが、年長格の小野喜正君（池田先生との縁が深かった）を中心によくまとまっていて、卒業後は入学年に因んで「賛々会」の愛称で親しく交流を深めてきた間柄である。振り返って、私たちが在籍した当時の大阪市大法学部は全盛期だった。司法試験の試験官に五名の教授が委嘱されるという充実振りで、よく教授は一流だが学生は二流だと評され、しっかり勉学に励むように督励されたものである。定員が百名と少人数だったので、教授一人当たりの学生数は七〜八名という恵まれた環境にあった。だから先生方と学生との人間的な絆も、当世では考えられないくらい濃密な関係にあった。そのような状況の中で、私たちと清先生との関係も醸成されていったのだった。

三回生になってゼミ選択の段階になると、就職のことを考え私法コースを選択する者が圧倒的に多く、公法政治コースを選ぶ者は十数名程度だった。したがって、清先生の欧州政治外交史を履修する学生は十名弱で、その多くが自治会活動にかかわっていて、小野君を中心にまとまっていた。講義に出るのは四回生も含めて常時十名余りで、回を重ねるうちにお互いに顔見知りとなっていった。四時限の講義なので、清先生は授業が終わるときに「よければ私の研究室に来ませんか」と誘ってくださった。それで小野君らと一緒に何度か研究室にお邪魔した。研究室では、清先生自ら紅茶をいれてくださり、誰かウィスキーは要りませんかと尋ねられ、自分のカップに一、二滴を落とされたものだった。

このような関係の中で、忌まわしい火災事件が発生したのだった。ニュースでも報道され、学校では掲示板に当分休講の張り紙が出された。私は、とにかくお見舞いに行こうではないかと、同僚の豊田（現姓川口）啓児君と二人で我孫子の病院まで出かけた。重症の清先生には面会謝絶のためお会いできず、頭に包帯を巻かれた痛々しい奥様に御挨拶したことを憶えている。

年度末の試験では忘れられない失敗談がある。私は授業にはきっちり出ていたのだが、十分な準備ができていないまま試験場に入った。出題に対し満足な答案が書ける自信がなかった。先生とは顔馴染みだし、一年間講義を聴いてきたにしてはこんな答案では恥ずかしいし、先生にも申し訳ないと思い試験を放棄して教室を出た。その後春休みに校門の近くで清先生とお会いしたとき、「試験はどうでしたか」と尋ねられ、赤面したことだった。

友人はみな合格し単位を修得したのに、私だけが四回生になって再び履修届を提出した。しかし、講義の内容はわかっているし、ノートは整理できているので、ほとんど講義には出なかった。年が明け年度末の試験内容の説明がある最終講義になって教室に出たところ、清先生は部屋に入ってくるなり私の顔を見つけられ、「今日は珍しい顔が見えてますね」とニヤッとされ、講義に入られた。二度目の試験は満足のいく答案が書けた。

清先生があの火災で長女を亡くされたことは知っていたが、その後に受洗されたことは知らなかった。いつも胸の底に悔恨の気持ちを抱いておられたのだろうと思う。

先生からは仲人をされた小野君の奥さんとの馴れ初めについても聞かされたが、その彼も物故したので時の流れを感じる。

遠き日の師の面影や蝉時雨

元法学部教授　南 博方《ひろまさ》先生を偲ぶ

大阪市立大学同窓会誌「有恒会報」
第一九〇号（平成二十三年一月一日）より（一部加筆訂正）

元本学法学部教授（一橋大学・筑波大学各名誉教授）の南 博方先生が平成二十二年六月に逝去された（享年八十歳）。

南先生が大阪市立大学に在籍されたのは遠い昔のことであり、法学部卒業生の中でもそのことを知っている人は少ないかも知れないが、先生に親しく教えを受けた一期生として、先生を偲びつつ思い出を述べ、業績の幾つかについて触れたい。

南先生は大阪市出身である。父君は南河内郡太子町出身の弁護士で、区画整理事業の推進に際し、顧問弁護士として大阪市もお世話になった方である。南先生は天王寺中学（旧制）から旧制の三高を経て、東京大学の法学部に入学された。大学では当時日本の行政法の第一人者であった田中二郎教授（元最高裁判事）の指導を受けられ、行政争訟制度や租税法等の研究をライフワークとされたのだった。

東京大学大学院を卒業後、当時行政法の七人衆といわれ、親しかった田中二郎教授と本学の原龍之助教授との間で、原教授の後任含みで、昭和三十四年四月本学に、助教授として奉職されたのだった。

私たちがちょうど二回生のときで、初年度は外書講読を故植林弘助教授と二人で担当され、翌年三回生のときから行政法第一部（総論）の講義を担当された。授業では、恩師の田中二郎先生の『行政法総論』（有斐閣法律学全集）をサブ・テキストにして、若々しい講義をされたのだった。

当時ゼミナールは教授が受け持っておられ、私たち八名の行政法ゼミは原教授の下で勉強し、南先生はアシスタントとして指導してくださった。原教授が四十年に退官後は南教授が行政法講座を背負われ、市大を去られるまで毎年ゼミ生を指導され、大阪市を中心に学者、弁護士など各界に多数の人材を送りだされたのだった。

私たちが市大を卒業した昭和三十七年三月、式典の午後、チャペル跡の木造校舎で教授陣と学生との謝恩会が開かれ、学部長だった吉富重夫教授からはなむけと激励の言葉を受けた。謝恩会の終了後、南先生が私と松宮、彦田の三人に、卒業祝いにビフテキを御馳走しようと、心斎橋のスエヒロ本店へ引率してくださった。田舎育ちの私は作法も知らないまま、生まれて初めて美味しいビフテキを頂いたのだった。

南先生は、残念ながら大学紛争を機に、昭和四十五年に市大を去られ、一旦父君の法律事務所を継承すべく弁護士を開業されたのだが、この逸材を国家が放っておく訳がなく、新しく創設された国税不服審判制度を軌道に乗せるべく、時の大蔵次官の吉国二郎氏の肝いりで、主席国税不服審判官に就任されたのだった。このため、弁護士稼業を三カ月で断念され、法律事務所は従兄弟の南逸郎氏（元大阪弁護士会長）に譲られた。

先生はその後、国税不服審判制度の定着化を見届けられて退職され、筑波大学の法学系主任教授に、更にその後一橋大学に移られたのだった。一橋大学を定年退官して名誉教授になられた後、成城大学の学長に就任され、大学の管理運営にも当たられたのである。

先生が市大在職中には、大阪市立市政研究所の中心だった吉富教授とは別の立場で、大阪市は専門の行政争訟はもちろん、建築審査会委員その他行政各般にわたって広く知恵をお借りし、指導を受けたのだった。

筑波大学から一橋大学時代には、大学創設制度審査会委員など政府関係の各種行政委員や審査会委員、ＮＨＫの放送大学教授など様々なポストに就かれた。ユニークなところでは、瀬戸内海の無人島の豊島《てしま》に産業廃棄物が大量に不法投棄され、大きな社会問題になったとき、公害対策基本法に基づく公害紛争調停委員として、「豊島廃棄物処理協議会」の会長に就任され、元日弁連会長の中坊公平氏と二人して、その解決に奔走されたのだった。

南先生は、スマートで洗練されていて、特に女子学生に人気が高く、その多くが南ゼミを希望し、他の先生方がうらやむくらいの花形ゼミだったと聞いている。それゆえ先生の教えを受けた中から多数の学者を輩出しているが、女性の学者も多く、寺田友子（桃山学院大学教授）、大久保規子（大阪大学教授）、大橋真由美（成城大学准教授）など多数の方が活躍しておられる。

先生のゼミナールの授業はユニークで、行政法は行政の仕組みの実態が解らないと駄目だと話され、毎年〝動くゼミナール〟と称して、ゼミ生を引率して大阪市政を見学されたのだった。先生は中央に頼らない旺盛な自治意識と創造性において日本の大都市行政をリードするのは大阪市をおいて他にないと高く評価しておられた。それゆえ昨今大阪市がマスコミをにぎわせた頃には心配して、何度か私のところにも電話してこられたぐらいだった。〝動くゼミ〟は、市大時代は日帰りで複数日にわたったが、その後筑波大学から一橋大学に移られてからも、大学当局に制度として認めさせられ、二泊三日の日程で毎年ゼミ生を引率して来阪されたのだった。

先生が大阪市政を見学に来られるときは、ゼミの卒業生で大阪市に在職する私たちは、勤めの傍ら休暇をとって企画の段階からお世話したものである。見学先にはごみ焼却場、下水処理場、港湾施設、都市再開発の現場、公害除去施設などを案内し、市政の現況や財政の仕組み、再開発の手法やはては空中権の問題などを、吉村元志氏（法45）を筆頭に実務担当者が講義したことが懐かしく思い出される。

先生の専門は行政争訟が中心だったため、戦後、行政の特異性に鑑み、新しく「行政事件争訟法」が制定されたとき、先生が注釈書（コメンタール）を発刊された。その後、行政争訟に至らない事案の解決のため、「行政不服審査法」が制定されたときにも、先生は国税不服審判制度の経験を生かされ、行政不服審査法の注釈書（コメンタール）を発刊され、行政争訟制度の発展に多大の貢献をされたのだった。

私たち市大の南ゼミ出身者は「博友会」という親睦会を結成し、先生の来阪時に併せて博友会を開催して懇親を深めてきた。ゼミ生は先生の優しい人柄、洗練された立ち居振舞い、該博な知識に触れるたびに、その器（スケール）の大きさに圧倒されたものである。先生は専門の法律以外に文学にも造詣が深く、趣味の小唄は名取で、名古屋の「御園座」で発表会を催されたこともあった。

残念だったのは、長年連れ添われた聖心女子大学出身の美人の奥様を三年前に亡くされたことである。奥様は元々洗礼を受けておられたが、先生自身も奥様を亡くされたことと自らの病気のことから洗礼を受けられ、イグナチオの受洗名を授けられていた。

私が先生と最後にお会いしたのは平成二十年初夏だった。直前に電話がかかり、例によって大阪市政の情況や病気のことなどを話されたのだが、そのときかなり精神的に落ち込んでおられる様子に感じられ、博友会のみんなに会いたいと話しておられたので、後日改めてお電話をし、奥様の仏前にお参りしたいし、一度お話したいので上京したい旨申し入れ、日程調整のうえ上京したのだった。皇居前のパレスホテルでお会いし、夕食を御馳走になりながら、博友会のメンバーの現況やら、市大時代の思い出やら、近況などを語り合い、楽しいひとときを過ごしたのだった。

先生は生前、「娘の江里が私と同じ法律の道を歩んでくれたことは嬉しい」と話しておられた。江里様は一九九七年よりニューヨーク州の弁護士として活躍しておられ、

父の介護のため帰国後は日本でも活躍中である。その点では後顧の憂いはなかったこ
とと推察する。
奥様亡き後の晩年は、一人娘のお嬢さ
んとお孫さんに囲まれて過ごされたこと
は幸せだったことと思う。今はただどう
か安らかなお眠りをお祈りするばかりで
ある。　合掌

平成二十二年六月二十五日

松川裁判の宿題と教訓

昭和三十八年九月十八日（水）朝日新聞「声」欄より

話題と注目の中に明け暮れた松川事件裁判は、全員無罪の判決でようやく幕を閉じた。何よりもまず国民の気持ちに残るのは、十四年という歳月の長かったことである。この事件は全国的に展開された各種の運動の規模、長期の年月を要したこと、裁判批判の是非とその限界などについて、裁判史上に特筆されるべき初のケースであったといえよう。

「疑わしきは罰せず」という裁判上の原則にのっとり、証拠不十分のため犯罪者であるという確信が得られなかった以上、無実の人間を罪におとす最大の過誤を犯さなかったことをまず喜びたい。しかし、これですべてが解決したわけではない。被告たちへの疑惑は晴れたが、十四年前に列車が転覆し、三人の尊い人命が失われたという事実は厳然と存在する。だれかがあの事件を起こしたことは確かであるから、事件そのものは未解決なのである。

騒然たるこの十四年間、一家の働き手を奪われた遺族たちが、つつましく生きてきたことは忘れてはならない。それと、疑いは晴れはしたが、この十四年間に失われた被告たちの人生は取り戻せないことも知っておかねばならぬ。更に裁判そのものが、大規模な闘争に直面し、その間に何度か判決が動揺したために、国民の一部に〝ごね得〟の印象を与えはしなかったか。それが裁判に対する信頼性を揺るがす結果になりはしなかったかと懸念される。最後に裁判批判は許されるか否か、許されるとしてもその手段と限界、こういう点に大きな宿題を残した。

この事件は発生当時の捜査に手ぬかりがあったとは思わないまでも、扱いの慎重さに欠けていたようである。検察側にも自白を重視しすぎて十分な調査をする前に結論を急いだことも考えられる。第一審裁判が客観的に不利な条件下に、証拠調べその他に軽率さがなかったろうか。第一審で徹底的な証拠調べがなされておれば、裁判がこんなに長引かなかったろうというのも反省の一つであろう。

私はこうしたことから、第一線捜査陣の整備充実、検察陣の容疑者に対する冷静な態度、第一審担当の地方裁判所の改革強化など、改善されねばならぬ多くの点があると考える。松川事件裁判の残した宿題の解決と、その教訓を生かすことが重要だと思う。

伊勢、志摩めぐり——私のホステリング

大阪ユースホステル協会発行「ユース・ホステルしんぶん」
（昭和四十一年六月十一日）より

五月八日の朝、弟と二人して上六を出発した。今回の旅行の目的は志摩地方にあったとしても、伊勢路を訪ねて神宮参拝を省略するのは何か忘れ物をしたような気がしそうなので、まず外宮・内宮に参拝した。

新緑の伊勢神宮に参拝したのは今回が初めてである。前夜の雨はすっかりあがり、初夏の太陽がまぶしく降りそそいで、樹々の緑が痛いほど鮮やかに目にしみた。玉砂利をふんで鳥居をくぐると、西行法師ならずとも自然に身のひきしまるのを禁じ得なかった。伊勢湾台風で大損害をこうむったとはいえ、楠の大木と天空にそびえ立つ杉の老樹は長い栄枯盛衰の歴史を秘めて語ろうとはしない。二十年ごとに行われる遷宮が近づき、今日も古式ゆかしいお木曳の儀式が行われていた。

外宮と内宮に参拝して、神明造りのシンプルな建築美にうたれた。木曽の檜の丸太

と角材だけで構築する単彩で直線的な美は周囲の木立とマッチしてまさしく日本の伝統的な美を表現している。

内宮から二見ガ浦に参拝したが春の引き潮で夫婦岩が完全に陸続きになっていた。信仰心のない若者がしめ縄を巻きつけた岩によじ登って記念撮影する光景を見せつけられては興ざめで、現代人の宗教心の欠如を考えさせられた。

二見からバスで鳥羽に出たが、鳥羽では真珠島とイルカ島巡りは割愛して伊勢志摩ホステルに直行した。志摩電鉄の穴川駅に降りると東南の丘にモダンな三角形の建物が見える。入江の海岸線に沿って三百メートルばかり歩いて急坂を登りつめると伊勢志摩ホステルに着く。このホステルは海抜四十七メートルの月見ガ丘の頂上に位置し、四方の展望がきく景勝の地にある。

夕食後のミーティングはまずペアレントの伊勢志摩地方の名所案内から始まった。小菅ペアレントは、かつて御在所ホステルにその人ありと勇名をはせた人で、ユース・ホステル運動に注ぐ情熱はすさまじく、それだけにホステリングの心得を一通り説明された後で特に、無断解約の禁止、公式の場でホステルの批判は慎むこと、世話になったホステルには必ず礼状を出すことの三点を強調しておられた。また、六十三歳の老人ホステラーにお会いしたことも印象深い。この老人はホステリング六十数泊という超ベテランで、明治の生まれらしく現代の若者を見る目はきびしかった。寝具の後始末ができていなかったり、消燈時間を守らずに遅くまで騒ぐ例をあげて、若者の生態を批判しておられた。

九日の朝は五時過ぎに目が覚めた。ベッドの中から窓のカーテンを開けると、寝ながらにして朝日を拝することができた。入江の彼方水平線に火の玉のような太陽が顔を出し、静かに音もなく東の空にのぼってくる光景は荘厳であの太陽の美しさはいつまでも脳裡にやきついている。

ホステルを八時に出発して磯部から波切に向かった。波切は潮の香漂う漁師町で、坂の多い町並み、燈台の白い建物と青い海のコントラストなど、どれをとってみても画材になりそうで画家が好んで足を運ぶ波切の町の秘密が解るような気がした。燈台の上からは三六〇度の展望が展け、波切の町をはじめ、屈曲に富む海岸線も緑に包まれた半島も一写のうちに納められる。空には雲一つなく、紺碧の大海原はおだやかで、寄せくる波は静かに岸壁に砕け、波頭がキラキラ散っていた。

波切から再びバスに乗って御座に向かった。バスは英虞湾を囲む半島の海岸線を右に折れ、左に曲がって走った。御座町は半島の突端にある漁港で、浜島・賢島に渡る連絡船の発着場になっていた。ここで三、四十人の海女が海にもぐっている光景に出会った。白装束に身を包んだ海女が水中めがねをつけて海にもぐる。数十秒の後に再び海面に顔を出すが、呼吸を整える息は荒く口笛のように鋭い。私たちは海女といえば、ロマンチックな若い娘さんを想像するが、実際は非常に厳しい肉体労働らしく、およそ物語や詩歌とは縁遠いように感じた。最近では若い娘さんがこのような仕事に従事するのを好まないらしく、ほとんどが四十代の女性のように見受けられた。

御座から英虞湾を船で賢島に渡った。賢島から急行バスで伊勢街道を抜けて宇治山田に着くと今回の旅行は全行程を終了したことになる。

私の劇評

「大阪労演」（大阪勤労者演劇協会機関誌）〈私の劇評〉欄より

変革期の生き方について考えさせられる

一九六四年六月例会・民芸公演「夜明け前」をみて

伊藤熹朔の精巧な舞台装置がまず観客を幕末の木曽街道へ引き戻してくれた。ここに黒船到来から急に騒々しさを増して幕末の混乱へと続く日本の大変革期が展開された。

この動乱期に遭遇して、格式高い青山家の古い伝統と、両親や妻に縛られ、時代の流れ、社会の変革に積極的に働きかけることができなかった若い学者の苦悶を通して、日本が新しく近代国家に生まれ変わろうとする陣痛の苦しみが描かれた。

滝沢修・清水将夫・芦田伸介・細川ちか子・嵯峨善兵らベテラン俳優の芸には磨か

れた厳しい美しさがあった。彼らが舞台でしゃべるときにはぴーんと張りつめた充実感が観客席に伝わってきた。特に滝沢修のその鍛え抜かれた厳しい芸の中に、苦悩にみちた半蔵の生き方が見事に映し出された。だが無理な注文かも知れないがもう少し若さがほしかった。一方その妻を演じた吉行和子の演技も素晴らしかった。滝沢の貫禄に押されることなく、苦悩する夫をひたむきな愛情で何とか理解したいともがくお民を生き生きと演じた。また清水、細川の夫婦が縁側に出て月を眺めるシーンが印象に残る。二人の間隔と立ち姿に美しい芸の調和が感じられた。

嵐吹く冬の朝、お民にはげまされて、青山半蔵が京都にむけて旅立つ最後の場面に、この作品のテーマが見事に象徴されていた。

あらためて私たちは歴史の変革期に遭遇した人間の生き方について考えさせられる。第二次大戦後、日本人の多くは新しい日本の国造りにどれだけ真剣に考え悩んだであろうか。ただ「食べる」ことに精一杯で、「如何に食べるか」、どのように生きたらよいかについて深くは思い及ばなかったのではないかと反省させられるときがある。あの当時にもっと真剣に苦しみ悩んでおけば、再生日本の民主主義はより深く地に根を下ろしたものとなっていたのではなかろうか。

豊富な演技陣・見事なアンサンブル

一九六六年五月例会・俳優座公演「ヒゲの生えた制服」
ツックマイヤー 作／小沢栄太郎 演出

本戯曲は「制服」に象徴された官僚主義に対する批判と風刺がテーマになっている。私たちの周囲を見渡せば種々様々の制服が目につくが、どうかすると警察官の制服におびえたり、金ボタンの大学生に憧れたりする。このように権威に弱く、ややもすれば官尊民卑の考えに陥りやすい現在の日本の風潮の中で、この上演は意義深い。終幕を迎えて一番感銘を受けたのは、生命まで賭けて自分の生き方を主張する主人公フォイクトの態度である。彼は最後の取り調べの場で告白するように、あくまでも役所に抵抗し、それでいて生国ドイツをこよなく愛している。このような個性的な生き方は私たちには簡単に真似のできないところである。

ツックマイヤーの原作は、的確な人物の設定と明解な筋の展開が見事である。特に無駄を省いた簡潔なセリフと情景描写はかえって余韻を残す作用をしている。

この脚本の精巧さが小沢演出の巧みさにつながっているといえよう。小沢演出の舞台はいつも淀みない流れと面白さが特色となっているが、本舞台では特にその点が目立った。

観ていて楽しいということが、演劇の重要な要素の一つにあげられるが、今回の舞台はセリフの中に現代人に解りやすい言葉を巧みに駆使して、風刺とユーモアを織り込んでいるので楽しく観ることができ、しかも考えさせられる内容をもっていた。それから、幕間のつなぎに工夫が凝らされているため、場面の展開がスムースで盛り上がったムードを冷ましてしまうことがなく、全然退屈しなかった。

次に主役を演じた東野英治郎の好演は出色のものといえる。彼の芸の持ち味をなしている庶民性がフォイクトの官に抗した生き方とマッチしたとみるべきではなかろうか。小沢栄太郎は「芸とは人格ということである」と述べているが、東野の全人格的なものがフォイクトの中に凝縮されている感じである。

そして先月の滝沢の演技が他の俳優から浮き上がって、あまりにも強く観客に印象づけられ、そのために、劇のテーマとうまくかみ合っていなかったのではないかという疑問が残るが、「ヒゲの生えた制服」での東野の演技にはそういう点は感じられなかった。それというのも、東野の演技とぜい沢なまでの豊富な助演陣の演技が見事なアンサンブルを生み出していたからだと思われる。ただし、大塚道子は、持ち前のオクターブの低い声が耳ざわりで、家庭のひそかな雰囲気を十分に出し切れていなかったように感じたのだが……。

最後に、中村八大氏担当のバックミュージックがストーリーの展開と調和して楽しく聴くことができた。

大塚道子、井川比佐志
俳優座公演「ヒゲの生えた制服」より（著者所蔵）

イギリスの清掃事業を視察して

徹底している『ゴミとは金のかかるもの』との意識

大阪都市協会発行「大阪人」
第二十八巻第一号（昭和四十九年一月）より

とくに印象深かったのは、イギリスの市民一人ひとりがもっている「ゴミを出せば金がかかる」という認識である。それに行政側も市民も決められたことは、しっかり守るという態度であった。

以下、イギリス各都市の清掃事業みたままを大阪と比較しながら述べてみたい。

とにかく古いものを大切にする

昭和四十七年十月から四十八年二月まで五カ月にわたり、欧米諸都市の清掃事業をみて回って最も強く感じられたのは、日本が資源の消費国だという反省だった。そして、今や日本はアメリカと並び、ゴミ排出量では世界のトップレベルにある。

この原因として、まず食生活の違いがあげられる。日本人は魚介類と野菜、果物をよく食べ、料理方法が異なっていて、これが原因していると思われるのである。

イギリスの諸都市は日本同様、比較的厨芥が多いが、アメリカでは魚を食べず、ビニール包装品や缶詰など、ただ火を入れるだけで食べられる食品が多いためか、日本の都市にくらべ厨芥がぐんと少ない。

日本の都市ゴミは、イギリス諸都市のそれとくらべると紙類とプラスチック含有率が高く、反面、金属類と灰（ダスト）の含有率が低い。前者は旺盛な消費水準が原因し、後者は緯度の関係で冬季暖房用に石炭を燃やすためである。日本もこの際、イギリスや西ドイツ人の合理的で質素な生活態度を見習うべきであろう。

イギリスでは町のあちこちに骨とう品店が建ち並び、家具、食器、置物、時計、装飾品、電気製品等の中古品が店頭に飾られ、市民の人気を呼んでいた。日本では型が古くなったからとか流行遅れだとかいっては新しい品物に買いかえてしまうが、イギリス人は使い古した品物でも修理して再使用するし、中古品店へ売りに出す。

歴史と伝統を重んじる国民性を反映して古いものが尊ばれるから自動車、電気製品、家具などの製品のモデルチェンジはやたらと行わない。だから修理に出しても部分品がなくて困るということもない。家具にも刺繍した布張りや木製のものが多く、合板製や合成皮革張りのものはあまり普及していない。このような生活態度が品物の寿命を長くし、廃棄物量の増加にブレーキをかける作用をしている。

デパートやスーパーマーケットへ行っても、品物を保護するためと衛生上の見地から、必要最小限の包装をするだけで無用な包装はいっさいしない。これは外観よりも中味を大切にする実利主義が定着しているためで、ビニール包装やプラスチック容器は少なく、ほとんどが無地の紙包装である。例えば、鶏卵は半ダースまたは一ダース売りに決まっており、古紙を再生して作った厚紙の容器に統一されている。

私はこのような光景を見るにつけ、もう一度風呂敷の効用を見直すべきだと反省させられた。

ひと口にイギリスの清掃事業といっても、各都市により実情が異なるから総括は困難であるので、ここではロンドンを中心に説明したい。

注目される清掃の広域的運営

ロンドン地区の清掃事業は大ロンドン議会（GLC＝Greater London Council）と各区（Borough）の間で、広域処理の見地から事務配分が行われている。つまり、従来、各区が収集から処分まで担当し、各区の処分先が入り乱れて非能率だったのを、一九六三年にロンドン行政組織法が成立したのを機会に、各家庭から中継基地までの収集業務及び道路清掃は各区の責任とし、中継基地から処分先までの輸送及び終末処分は、大ロンドン議会の責任というように事務配分された。

この意識は、これまで市町村単位に運営されてきた清掃事業が、この時点において収集と処理処分に分離され、処理処分は市町村よりも、むしろ広域的な大都市圏の基盤に立って、運営すべき方向が示されたことにある。

一九六五年四月一日以降各区から逐次大ロンドン議会へ処理処分事業の移管が行われ、一九六七年三月末までに完了した。

収集経費は各区の負担となっているが、中継基地までの遠近や終末処分先まで収集車で直送する場合など、各区の事情が異なるので大ロンドン議会は各区に対し、自動車収集に限り収集地点から最初の三マイル（約五キロ）を差し引いた残距離につき「マイル分のトン」により算出した経費の何％かを援助している。この公式は毎年一回収支決算を行い修正している。

大ロンドン議会と各区の関係はおおむね良好だそうである。なぜなら両者間でゴミの問題については「しばしば会合がもたれるし、大ロンドン議会には各区から昇格していった人々が多いということも関係している」（クーパー・ウェストミンスター市清掃局長談）。

首都政府と機能分担で高能率化

イングランド政府は、大ロンドン地区での実績と経験を基に地方自治体行政組織法を一九七二年十月に制定し、イングランドの地方行政制度の改革にのり出した。この法律はイングランドを四十六の県（County）に分かち、うちマンチェスター、リバプール、バーミンガム等六つの大都市圏を首都圏とし、ロンドン大都市圏におけると同様、市町村を統合再編成し、これら自治体の上に首都政府を新設した。

六大都市圏の清掃事業については、大ロンドン議会と同様、市町村はゴミ収集の責任を負い、首都政府は終末処分を担当するというように機能分担がなされた。私が訪問したマンチェスター、リバプールの両市では、一九七四年四月一日からの新体制発足の準備を積極的に推進しているところだった。

日本においても、現下の用地難、財政難、経済性等を考慮すれば、ゴミの終末処分、とくに埋立処分事業は市町村の枠を越えた広域的運営を検討すべき時期にきていると考えられる。

大ロンドン議会では、市域を東西南北の四地域に分割して、それぞれの地域を管轄する事務所を設置し、ここが各区に設けられた計三十二の中継基地を運営しながらゴミの中継輸送を担当している。埋立効率を考慮し、各中継基地に破砕機を取り付ける方向で施設整備が進んでいる。中継基地の一つテームズ河畔のクリングル通りに立派な破砕工場が建てられている。破砕能力は一日当たり八百トン。ピットに搬入されたゴミはクレーンでコンベアベルトにのせられ、破砕機に運ばれる。十字型のシャフトに十枚ずつ特殊合金の刃が取り付けられたハンマーミルで、八十%以上のゴミが二インチ以下に粉砕された後、ゴミ中に含まれる空缶その他の金属類が電気磁性で回収される。粉砕時の微粉じんは水中を通じて吸収する方法をとっており、粉砕ゴミはベルトコンベアで運ばれ、高い天井の潜望鏡からジェット噴射で、下に停泊中のバージ船に積み込まれ、埋立処分地までテームズ河を下っていく。この施設は埋め立ての前処理としての破砕という意義をもっている。

一日四回道路清掃するところも

ウェストミンスター市は、地理的にもシティーと並びロンドンの枢要部を占め、財政的にも豊かなため、他の区の行政をリードする格好になっている。したがってウェストミンスター市の清掃行政は総体的に密度が濃く、例えば一部夜間早朝作業の実施のほか道路清掃についても、バッキンガム宮殿、国会議事堂、ウェストミンスター寺院等の前の通りは一日に最高四回までのロードスイーパーをかけるといった具合である。とくに注意すべき点は、ゴミ空気輸送施設の採用とコンピューター導入の取り組みであった。

ゴミ空気輸送施設は、十余年前初めてスウェーデンで開発され実用化が進められてきたが、いち早くその将来性を評価し、積極的に採用と取り組んできたのはウェストミンスター市であった。イギリス人らしく何年も慎重に研究調査の結果、一九七〇年から市の北東部リッスン・グリーン地区の都市再開発事業の一環として採用したのであった。この再開発事業はロンドン特有のすすけたレンガ造りの古い建物を取り壊し、二万戸、八万人収容の新しい住宅団地を建築中であるが、私が訪ねた七二年の十一月時点で約四分の一に当たる五千戸が完成し、一部入居が始まっていた。

このシステムは、ひと口にいって電気掃除機を大型化して、建物内に応用したものであり、建物内の各階に設けられた投入口から捨てられたゴミがダストシュート内を落下し、地上五十センチくらいのところにセットされた水平のしきり板（ディスチャージ・バブル）の上にたまる。一定量がたまると中央制御室からの指令により空気圧でバルブが開閉し、たまっていたゴミは下に落ち、地下埋設のパイプ内をブロワーで起こされた空気の流れ（風速二十〜三十メートル）に載せて団地の隅に建てられた焼却場に運ばれていく仕組みである。

ウェストミンスター市の場合は直接工場内に送り込む方法を採用しており、しかもゴミはピット内にたまる仕掛けではなく、地下から再びらせん状の上昇パイプ内を一気に投入口（ホッパー）横のサイロ内に集める仕掛けになっている。

集計はコンピューターで

もう一つのコンピューターの導入は、大ロンドン議会ではクリングル通りのゴミ中継基地にオリベッティ社（伊）の計量器を設置し自動車によるゴミの搬入量はスケールカードに自動的に記入され、これを大ロンドン議会のコンピューターにかけて日報、週報等の集計を行っている。もし大阪市においても、この方法が採用できれば、機種別積載量、地区別排出量、その他の統計資料から将来予測、作業計画立案等にも利用できるはずである。

その他にウェストミンスター市では、足かけ六年をかけ、日々の地区別収集の立案と、これに基づく配車業務を自動的にコンピューターに実施させるための研究に取り組んでいた。いわゆるシミュレーション・モデルの作成である。最近三年間はロンドン大学の教授の指導下に研究を進めてきているらしいが、実際には作業員個々の体力差、その日のコンディション、日々のゴミ量のバラツキ、地形の相違、交通事情等いろいろの特別な要素がからんできて、単純に一つの公式（モデル）を適用することはむずかしいようであった。

しかし、過去六年間にわたって、意欲的に取り組んできた積極的な姿勢は大いに学ばなければならないと思った。

プラス面の多い責任収集制

日本では若手労働力の不足が叫ばれるようになってから久しく、ゴミ収集作業員の確保が年々困難になってきているが、イギリスでは（他の欧米諸国も同様である）困っていない。それはここ数年経済界が不況のため、常に何十万人かの失業者があり、労働力の売り手市場になっているからである。

ゴミ収集はイタリア、スペイン、ユーゴ、ギリシャ、アフリカ諸国からの外人労働者に大部分依存しており、一種の責任取り切り制でひと口にいえば割り当てられた地区のゴミは、その日のうちに必ず収集する方式である。そして仕事をきちんと完了すれば、作業員は拘束時間内でも、帰宅が許されるというわけである。

この場合、決められた仕事を完了すれば基本賃金の三分の一相当額がボーナス（日本でいう手当にあたる）として加算されることになっている。この制度が用いられる理由は、ゴミ収集のような業務は時間管理でやるのは不向きでノルマ（標準作業量）による管理が適しているという考え方にたっている。イギリスでは権利と義務、自由と責任という意識が社会に定着しているからこそ採用できるのだと思われる。

もちろん、この制度を全都市が採用しているわけではなく、賛否両論があるが、採用している都市では、作業員に励みが出る、責任感がわく、ある程度自主的な作業が行われるなど一様に評価していた。

一方、道路清掃作業員の確保は各都市ともゴミ収集員にくらべ若干困難になってきている。というのは、仕事量は決められているものの、たとえ、早く仕事が終わっても一日八時間は所定の勤務場所にとどまっておらねばならず、ゴミ収集員にくらべ、作業員の老齢化が目立っていた。ウェストミンスター市では約六十名の欠員がありクロイドン区でも、道路清掃は人目につくことがきらわれ、また、責任収集作業制でないことも災いして、多数の欠員を生じているということであった。こうした都市では、道路清掃員の有給休暇などのため欠員が生じた場合（とくに夏季に多い）学生アルバイトを使い、どうにか汚くない程度に清掃しているのが現状であった。

処分は埋め立てが中心

イギリスでは焼却処理という考え方は乏しく、終末処分即埋立処分という考え方が一般的である。機械炉工場としては大ロンドン議会のエドモントン焼却場とエジンバラ市の焼却場くらいのものであり、残りはすべて埋立処分されている。

このように埋立処分中心の終末処分体制を採用しているのは、まず埋立用地の確保がさほど困難でなく、処分地の造成経費、運営経費とも他の方法にくらべ安くつくという理由からである。もちろんロンドンも市域が非常に過密化しているが、市域外に出ればゴミを材料にして土質改良できる土地が多く存在する。これらは主にテームズ河下流のケント州とエセックス州内の低湿地である。イギリスの土壌は粘土質でそのままでは、農牧にも利用できない土地が多くこれらの土地をゴミで埋め立てることにより土壌改良を行い、土地に付加価値を生もうというわけである。年々利用可能な地域は遠距離化しているが、それでも有効適切な輸送手段が取られる限り他の方法にくらべ、まだまだ経済的に引き合うと考えられている。

マンチェスター市においては、レンガ製造用粘土採取跡の広大な窪地にゴミを埋め立てていた。イギリス人は石造りよりもレンガ造りの建物に愛着を抱いており、今でもよくレンガを使用しているが、その粘土採取跡がゴミ埋め立てに利用されるとはイギリスのお国柄である。このようにして埋め立てた跡地は、サッカー場、ゴルフ場などの運動場、公園、緑地、農牧地等に利用されている。

もう一つ埋め立てに依存する理由として、焼却した場合大気汚染に対する心配が神経質なまでに強いことである。これは冬期霧が深く、ロンドン名物のスモッグに悩まされてきたイギリス人の苦い体験が反映されているのである。

市民のゴミへの深い認識

以上、イギリスの清掃事業の一端を紹介したが、要するに市民一人ひとりがゴミとはお金のかかるものだという認識をもち、利用の仕方如何ではお金になり、逆に捨てる場合にはお金が入用なのだというように考えることだと思う。一方、清掃事業の面から考えると単純に焼却なり埋め立てをするということではなく、資源として回収し、再利用を図る方向へと転換すべきである。つまりネガティブ（負）の方向をポジティブ（正）の方向に変えることであり、負から正への転換を可能にする技術の開発が不可欠である。その意味では、「物」を廃棄し再生産するマイナスの産業がもっと多く出現する必要がある。

もう一点、行政の厳しさについて考え直すことである。行政自らを厳しく律するとともに市民に対する関係においても、より厳しさが必要だと思った。自治体は行政の内容について的確な情報をタイミングよく流すこと。そして実現できそうにないことは約束しないし、決めたことは必ず実行する姿勢が必要である。

イギリスでは法律で標準ゴミ容器（British Standard）が定められ、各家庭は必ずこの容器を使用している。この中にビニール袋を敷き収集の際はこの袋だけを運び出す作業方法をとっている。この場合、ゴミ容器とビニール袋は市からの貸与と個人負担の二方法があり、その選択について、市は市が貸与する場合は年間一戸当たりいくらにつきますから、その分だけ市民負担が高くなりますが、それでも構いませんか、という問いかけを予算審議の段階でするのである。そして支給が決まった場合、ゴミの貯蔵方法とゴミの出し方について細かい基準が定められており、もし市民がこれを守らず、例えばゴミ容器に直接ゴミを入れてあったり、ビニール袋の口を結んでなかったり、蓋を閉めてなかったりした場合、収集を拒むことができるのである。私は時たまこのような光景に出合ったが、このような場合、市が決めた基準を守らなかった自分の非を認め、黙ってゴミ容器を整理するのであった。

※一九七二年十月～一九七三年二月（五カ月間）、大阪市環境事業局事業部庶務課・主査として欧米の清掃事業を視察した。その際の視察記を月刊誌「大阪人」（二〇一二年に廃刊）に発表したものである。なお、原文中のグラフ及び図表については省略した。

河内の野面《のづら》

「大阪市政新聞」昭和五十七年〈リレー随筆〉より

〝朝に仰ぐ金剛の峰、夕べに渡る石川の水〟

これは母校富田林高校の校歌の冒頭の一節である。南河内に生まれ育った者は、二上山から葛城、金剛、岩湧と続く連峰と石川の流れには絶ちがたい愛着を感じている。先日の八・三集中豪雨のように時には荒々しく咆哮《ほうこう》する石川も、流域の人々に限りない恵みを与えてきた。

私自身南河内に生まれ、結婚後の一時期を除き、三十余年間朝な夕なに金剛の峰を眺めて過ごしてきた。

私の生まれたのは、昭和二十九年町村合併により河内長野市が誕生するまでは、旧南河内郡川上村といい、南端は奈良・和歌山の両県に接する人口千百人の山村であった。村内には観心寺、延命寺、河合寺といずれも南朝に由緒ある古寺名刹があり、私は延命寺の近くで生まれた。

私の集落は大字「鬼住」と称し、その昔鬼が住んでいたという伝説のあるところで、古くから住んでいる人々には「神が丘」という地名よりもわかりやすく、「ああ鬼住ですか。山奥ですね」と辺鄙《へんぴ》な地名の代名詞のように思われている。

ところで、件《くだん》の鬼はよく村里に現れて村人を懲《こ》らしめたので、あるとき村人が一致団結して鬼退治をしたという伝説が残されている。川筋には鬼が行水をしたという〝鬼のタライ〟と称する岩場が残っており、矢で追ったという追矢という姓や、鬼を谷に追い込んでふせたというフセダニ（伏谷）という地名も残っている。鬼退治に使用したという武具が延命寺の宝物館に収蔵されている。延命寺は昨今はもみじの名所としても人気が高く、なかでも弘法大師のお手植えと伝えられる〝夕照《ゆうばえ》の楓《もみじ》〟が有名である。

長年親しまれた鬼住という地名は、新しい時代にふさわしくなくて若い者が困惑するだろうから、市制施行を機に変えようということになった。新しい地名として、延命寺のもみじに因んで「紅葉が丘」という案も出されたが、あまりに明る過ぎて新開地のイメージにつながるという理由から、結局「神が丘」に落ち着いた。私の妻などは、はじめ神が丘と聞いて、新開地の便利なところを想像していたところ、見に来てビックリ、不便な山奥なので結婚をためらったと後になって述懐していた。

確かに、付近に市場もなく、通学に四、五十分もかかるとあっては、当世の若い女性に敬遠されるのは致し方のないところで、結婚後の一時期を妻の生家に世話になり、大阪市内で生活していたが、長男の就学を機に再び河内長野に戻ってきた。現在の住居は南海高野線の千代田駅から徒歩十分ばかり、新しく開発された住宅地の中にある。

いまの住宅地も、かつて昭和三十年代までは柿や梨が植わっていた丘陵地帯で、造成が始まった頃には「あんなところにも住宅が建つのだなあ」と他人事のように、毎日通勤の車中から眺めていた場所である。それでも住んでみて生まれ故郷に帰ってきたという感じはする。

第一に土地勘がはっきりしていることと、長年見慣れた葛城、金剛の連峰を眺めて生活することである。家々の屋根越しに近くの山の陰翳と輪郭がはっきりし、その背後にやや遠くの山並が重なり、一番遠くに葛城、金剛の蒼い峰が天を画している。幾重にも重畳する山並は四季折々、朝昼夕方と時間の経過とともに微妙に色彩の変化を見せる。雨あがりの春の朝、初夏の蒼白の山肌、白雪をいただく姿などいずれも甲乙つけがたい。

近くの小学校へ通っている長男がある日、「お父さん、今日学校から田植えを見学に行ってきてん。泥の中を機械が上手に苗を植えていくのやで」と感心した様子。農家の子供がなあと一瞬何とも言いようのない感慨にとらわれた。神が丘の地には両親も年をとり、私も手伝わなくなったため、休耕田が草の生い茂るままに放置されている。かつて牛で耕していた頃、毎年雨空の下で、苗取り、植え付けなど田植えを手伝ってきた経験を話して聞かせると、「僕、泥の中へ入ってみたいわ」とこともなく言い放つ。私自身跡を継がなくなった農業を自分の子供にさせる気はさらさらないが、日本に長く続いた農耕の伝統と、土に親しむ生活だけはなんとか体験させてやりたいと思う。

南河内といえば南朝と楠木正成に由緒ある土地柄である。私の卒業した小学校は楠公さんの郷《さと》を意味する楠郷小学校といい、校章などは菊水のマークで、校門をくぐったところに馬に跨った楠木正成の銅像が建っていた。全校生徒百二、三十人の小ぢんまりとした学校で、農家の子弟がほとんどだった。私が通った昭和二十年代の前半は、田植えと秋の収穫時には父母の要望により、上級生に農繁休暇が与えられた。農家から借りた学校菜園で米作りや野菜作りを実習し、時には近所の農家から肥桶を借りてきて、学校の便所を汲み取って、肥料やりをしたことも今は懐かしい思い出である。

田圃を埋めて運動場が整備されたとき、私たちは大八車を引いて観心寺から桜の若木をいただいてきた。先生の指導で校庭に植えたのが直径三十センチの古木となり、毎春爛漫の花を咲かせている。楠郷小学校も、今では生徒数が五、六十名の過疎校となり、近くに造成中の団地内に開設される新設校に統合されることになった。百年の歴史を誇る学校が二、三年先には閉鎖の運命にある。時代の流れとはいえ、卒業生の一人として淋しい限りである。

※楠郷小学校は、昭和五十九年に廃校となり、近くの川上小学校に統合された。

河内の野面

新聞俳壇投句（入選作）

森　澄雄選（読売俳壇）

青田風暗《くら》峠《がり》越ゆる棚田道

暮れなづむ加茂の川風川床《ゆか》料理

奉納の稚児の相撲や豊の秋

産土《うぶすな》神に榾火囲みて年の夜

正木ゆう子選（読売俳壇）

雲の峰腰鉈《なた》携げて山に入る

鷹羽狩行選（毎日俳壇）

書くほどに筆にも馴れて年賀状

繋留のボート点検水温む
はたと止む時のありけり蟬時雨
食卓を文机代り賀状書く
春耕や鍬の楔を締め直し

小川軽舟選（毎日俳壇）

一日終へ五右衛門風呂に時雨聞く
開け放つ峡の生家や河鹿鳴く
水脈《みお》曳いて渡船往き交ふ小春かな

西村和子選（毎日俳壇）

窯出しの壷の歪みや余寒なほ

主な参考文献

・『平凡社大百科事典』(平凡社)
・『太平記』日本古典文学大系(岩波書店)
・『芭蕉句集』日本古典文学大系(岩波書店)
・『大阪府の地名』(平凡社)
・『奈良県の地名』(平凡社)
・『合本俳句歳時記』(角川書店)
・五木寛之『百寺巡礼　関西』(講談社)
・『大阪府史』
・『河内長野市史』(ぎょうせい)
・『千早赤阪村誌』
・『羽曳野市史』
・『大東市史』
・『四条畷市史』
・元木泰雄『河内源氏』(中公新書)

・高木美千子『大阪再発見の旅』『関西歴史の道を歩く』（ＴＢＳブリタニカ）
・山本兼一『利休にたずねよ』（ＰＨＰ文芸文庫）
・新田次郎『芙蓉の人』（文春文庫）
・「文藝春秋」（平成二十六年八月号）
・富田林高校同窓会誌「菊水郷」（平成二十八年）
・大阪市立大学同窓会誌「有恒会報」
・大谷晃一『楠木正成』（河出書房新社）
・中村直勝『随筆　楠公』（星野書店）
・森田康之助『楠木正成』（新人物往来社）
・北方謙三『楠木正成』（中央公論新社
・童門冬二『楠木正成』（成美堂出版）
・志茂田景樹『南朝の日輪』（秋田書店）
・梅原　猛『観阿弥と正成』（角川学芸出版）
・緒方隆司『後醍醐天皇と足利尊氏』（光風社出版）
・上野一孝『森澄雄俳句熟考』（角川学芸出版）

・高橋克彦『炎立つ』（講談社文庫）
・辺見じゅん編『昭和の遺書』（角川書店）
・榊　莫山『千年の奈良』（岩波新書）
・直木孝次郎『飛鳥　その光と影』（吉川弘文館）
・石川達三『自分の穴の中で／悪の愉しさ（現代長編小説全集）』（講談社）
・阿川弘之『井上成美』（新潮社）
・白石太一郎『古墳とヤマト政権』（文春新書）
・新聞各紙（毎日・朝日・読売・産経）
・各寺院・神社の縁起やパンフレット
・各映画のパンフレットや新聞記事

あとがき

年齢を重ねるにつれ、前を見るよりも過去を振り返ることが多くなる。悲しいことだが、それだけ進歩が期待できないことを意味する。

私は南河内に生まれ育ち、喜寿を過ぎた。これだけ長く生きてくると、さまざまな経験をし、振り返るとき、さまざまな思いに捉われる。私はこれまでに『河内の野面』、『河内つれづれ』、『河内の四季つれづれ』といわゆる河内シリーズ三部作を著し、日々の生活の中で河内の自然の表情・四季折々の風情・史蹟のたたずまいなどをスケッチしてきた。そして『河内の四季つれづれ』のあとがきで、「河内のことを書くのは今回でお終いにしたい」と結んだ。

ところが、多くの人からまだまだ書くことがあるだろうから、ぜひ続きを書いてはどうかと勧められた。

私は若い頃から大学ノートに「思い出日記」と題して日々の思いや映画、音楽会、展覧会などの感想を綴ってきた。これまでに数十冊を数える。同時に、新聞の投書欄や機関誌などに自分の考えを綴って投稿してきた。この際、これらの投稿をまとめて採録するとともに、河内シリーズで書き尽くせなかった内容をまとめて整理をし、性懲りもなく出版することを思いたった。題して『河内つれづれⅡ』としたい。拙い文章ではあるが、私の思いが少しでも伝われば幸いである。

いま若い頃の文章を読み返してみると、本業（公務員の仕事）に励みながら、余技として書いた文章は拙さはあっても、さまざまなことに柔軟な気持ちで関心を持って生きてきたことを思うのである。振り返って文章の中に登場する坂井義則氏はじめ、新劇人の多くがすでに物故されていて、つくづく時の流れを感じる。

松川裁判の文章は、我ながら偏ることなくよく考えているなと思うし、こんな素人の長文を朝日新聞が載せてくれたことに驚きを覚える。もう一つ、イギリスで三カ月過ごした研修時代が懐かしく思い出される。当時は一ドル三六〇円の固定制の時代で、現在のように外国旅行が一般的でなく、見るもの聞くことが新鮮な体験だった。毎月職場（清掃局長宛）に研修報告として見聞した内容を書き送ったのだった。イギリス滞在中の思い出は前著『河内つれづれ』に載せたが、本編は研修報告の一環として、読み物風に「大阪人」に載せたものである。イギリス人の合理的な思考方法と生活態度には、今なお参考になる点があるようにも思うのである。

本書の刊行にあたっては、私の知人で、絵画の道に精進しておられる清見至氏（「研水会」会員）の絵画を挿絵として使わせていただき、拙文を飾ることができました。併せて、㈱竹林館社主の左子真由美氏からも、原稿のチェックや刊行上の貴重な御助言を賜りました。お二人に深く謝意を表する次第です。

平成二十八年十二月　著者記す

著者略歴

伏谷勝博（ふしたに・まさひろ）

エッセイスト
昭和14年1月　大阪府南河内郡川上村（現河内長野市）生まれ
大阪市立大学法学部卒業
大阪市立中央図書館館長、河内長野市助役歴任
大阪府河内長野市在住

著書『河内の野面』（平成15年　文芸社）
　　『河内つれづれ』（平成20年　竹林館）
　　『河内の四季つれづれ』（平成23年　竹林館）

河内つれづれⅡ

2017年5月1日　第1刷発行

著　　者　伏谷　勝博
発 行 人　左子真由美
発 行 所　㈱竹林館
　　　　　〒530-0044　大阪市北区東天満2-9-4　千代田ビル東館7階FG
　　　　　Tel　06-4801-6111　Fax　06-4801-6112
　　　　　郵便振替　00980-9-44593　URL http://www.chikurinkan.co.jp
印刷・製本　㈱国際印刷出版研究所
　　　　　〒551-0002　大阪市大正区三軒家東3-11-34

Ⓒ Fushitani Masahiro　2017 Printed in Japan
ISBN978-4-86000-358-6　C0095

定価はカバーに表示しています。落丁・乱丁はお取り替えいたします。